夢の棲み家

Dream Habitats

おもしろ建築ものがたり

日本の名作 14軒

海外の傑作 28軒

黒崎 敏／ビーチテラス 編著

二見書房

夢の棲み家とは……

ひとたび世界に目を向けてみると、バラエティに富んだ個性的な家々が溢《あふ》れていることがわかる。家もさることながら、その場所で暮らす建主たちの住まいに対するこだわりも生半可なものではない。「こんな空間で暮らしたい」と願う確たるその姿勢には、執念すらうかがえる。生活のための暮らしを経て、暮らしを楽しむための生活へと時代が進化するにしたがい、人間は確実に成長し、その器としての家は、かくも自由になったのである。

遊び心や好奇心あふれる建主の大胆かつ細かい注文に、たじろぐどころか一歩踏み込んで応えようとする建築家も、いまや世界には大勢いる。建て主の期待が大きいほど、作家魂に火がつくのが建築家の性《さが》というものであり、そんな建築家の前向きな態度に、建主もついついその気にさせられることが多い。両者の呼吸が折り重なるそのときこそが、“夢の棲み家”が静かに産声をあげる瞬間なのである。

たとえば〈海外篇〉、アイスランドの緑の孤島で酪農を営む農家やノルウェーの湖上の家は、孤立をあえて愉しんでいるようにも見える。「なにも群れなくても……」とでも言いたげだ。アリゾナの辺境にあるサボテンに囲まれた家も、周辺を内部に取り込むことで、借景を独り占めにしている。自らが環境を受け入れることで、家は初めて環境に受け入れられるのだと誇らしげに語っているようだ。

アメリカ・アリゾナの砂漠に横たわる「サボテン荘」

千葉県房総の海辺に建つ「地層の家」

〈日本篇〉の家たちも、負けてはいない。島国特有の敷地状況や法制限に苦戦しながらも、迷いなくフルスイングを試みる若手建築家の発想にはとりわけ目を瞠《みは》るものがある。ここに登場するのは国内外で活躍中の気鋭の若手ばかり。彼らは柔軟性に富み、建築作家にありがちな気難しさは見あたらない。形式や慣習に縛られるのではなく、好奇心旺盛で、「人生を楽しむために家がある」と、そんな声が聞こえてきそうだ。

巻末に収録したドイツ、ブレーメンの建築集団〈バウムラウム〉による独創性あふれる家々に至っては、もはや舌を巻くしかない。森のなかへ分け入ることから生み出された独特の美しい建築は、ある意味で自然を超えている。「極上」とはこのような空間のことを指すのだろう。

世界に点在する興味尽きない“棲み家”を見るかぎり、ある共通点が浮かび上がってくる。それは原初的な生活の姿である。そもそも、人間が家に求めるものは、成功の証でも権威の象徴でもなく、とりあえずの寝床でもない。

必要なのは、心地よさや安らぎといった普遍性を提供する「場」であり、人間ならではの揺らぎを受けとめる役割を担う、いうなれば“巣”のようなものにほかならない。

穴の中に隠れたり、木の上から見下ろしたり、庇《ひさし》の下に佇《たたず》んだりするような、人間としてごくあたりまえの振る舞いが、この本に登場する家々のいたるところに発見できる。

そこにあるのは、家族の本質とは何か、そして人間とはいったい何ものなのか、という根源的な問いそのものであり、自ら考え、建築し、暮らすという、棲み家（住処）を舞台にした一連の物語であり、大いなる夢の結晶に他ならないのである。

建築家　黒崎 敏

CONTENTS

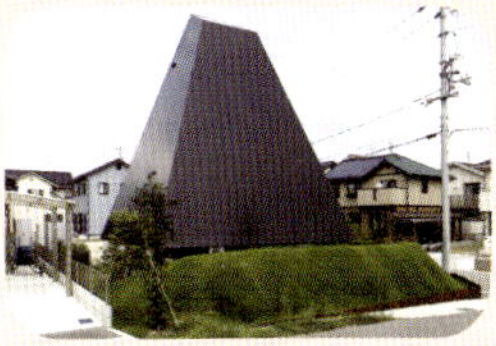

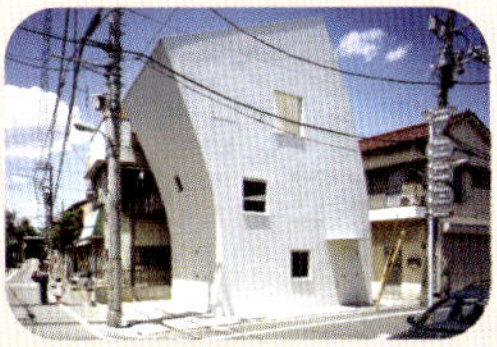

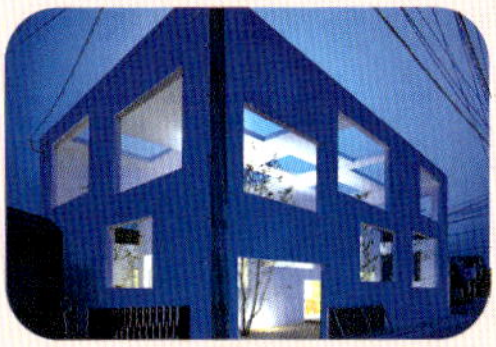

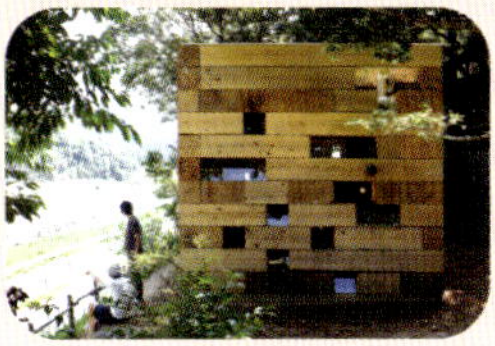

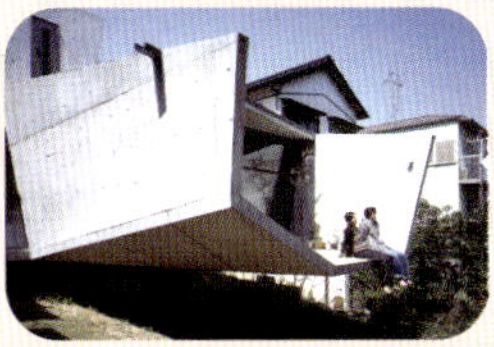

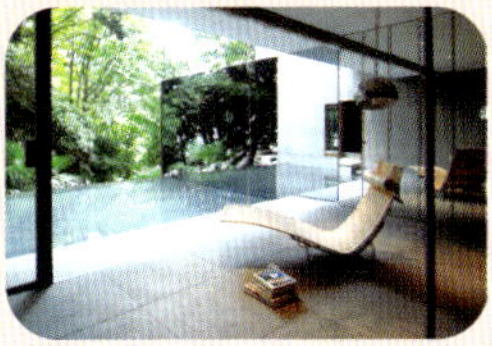

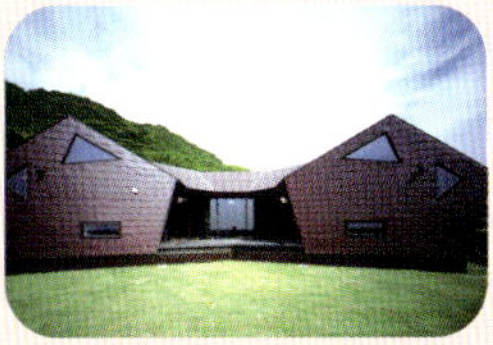

〔海外篇〕

島の牧場

アイスランド、エリザエイ島

緑の孤島に、ぽつんと一軒の農家が建てられている。白く小さな点に見えるのは放牧された羊である。この家のオーナーは、最初に魅入られた光景のなかに、絵を描くようにこんな家を建ててしまった

ブリキの家

南アフリカ共和国、ドラケンスバーグ

飛行機をかたどった手作りの家。いろんなところからブリキ板を物色してきて、旅客機の機首部を再現している。入り口のコクピットへは梯子をかけて。ドアはスクラップ車から頂戴したもの。中央部に「サウス・アフリカン・エアウェイズ・トイズ」の看板が張り付けてあるのも微笑ましい

ローリング・ハット

アメリカ、ワシントン州マザマ
設計：Olson Sundberg Kundig Allen Architects

「転がる小屋」(Rolling Hut) と名付けられたこの小さな家たちは、ワシントン州マザマの郊外に2007年にやってきた。

ここは山懐に抱かれてエコ暮らしを愉しむ場所……。たった一人で夜空を眺めながら地球の未来を考えるもよし、家族や友人とゆったりと団欒のひとときをもつもよし。

かつてこの一帯はオートキャンプ場だったが、山と渓谷と草原に魅せられたオーナーが、もとの自然の風景に戻したくて購入したという。そして、人けが絶えて美しい草原が甦ったころ、小動物のような可愛い家が、一軒また一軒と寄り集まってきた。それらの4つの脚にはコロが付いていた！

この“動く家”の構造はいたってシンプル。鉄骨と木材で造られた台座の上にコンテナ状の箱を載せ、ふわりと片流れの屋根を架けた高床式である。曳かれてきたこの家は、テラスを南向けに据えられる。

廊下を片側に設け、充分な採光を取り込むために屋根と壁の間に高窓がぐるりと嵌められている。

リビングより広いスペースをもつテラス（約6.5坪）には、ゆとりをもってテーブルセットが据えられる。

このキャンピングカーのような現代建築は、質素でありながらも、不思議な上品さが漂っている。

がっしりした鋼鉄の車輪をはき、足の向くまま気の向くままに移動できる

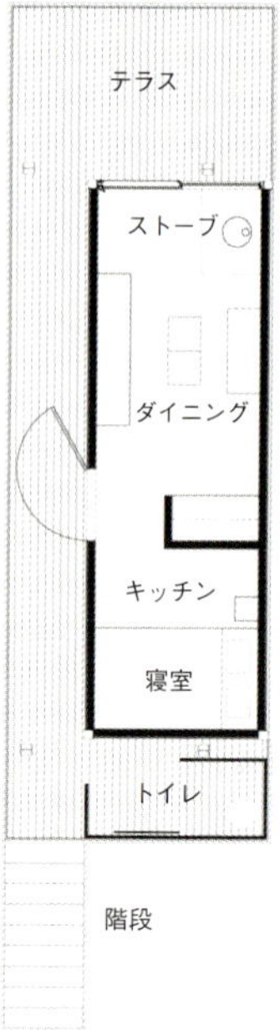

内装はコルク材と合板で簡素に仕上げられている。トイレはメーンスペースに隣接して配置。浴室、シャワールームは少し離れた納屋に共同で設けている

北側に設置する階段は動くときには取り外す。パネル屋根はその上ではね上がっている

月夜の草原に浮かぶ癒し小屋

屋上サロン

イギリス、ロンドン　設計：Gianni Botsford Architects

スライド屋根を全開にしてデッキチェアに寄りかかれば、読書にもってこいの屋上サロン。半透明の床が水に浮いているような不思議な気分をかもしだす。奥にはロンドン名物の古い煙突が立ち並んでいる

屋上にプール？ と思わせるような遊びごころ満点の家。

最上階にルーフテラスは設けられないという規制をクリアするため、スライド式の可動型トップライトを採用し、7m×2.5mの“青空テラス”をこしらえた。

ふだんは閉じてあるガラス天井をオープンにして屋上に出れば、ロンドンの街がぐるりと一望でき、片側にのびやかに連結されたソファも、くつろぎの空間を演出している。その下の半透明のグレーチング床から階段でつながる下のアトリウムにも陽光が降り注ぐという仕掛けだ。

夜ともなれば、床下からライトアップされ、夜景を眺めながらのホームパーティも催せる。

ともかく、ボタンひとつでルーフテラスに早変わりする様は圧巻。街のノイズもシャットアウトした穏やかなこの空間は、都会の真ん中の贅沢な隠れサロンといっていい。

屋上の下のアトリウムには観葉植物が置かれ、温室のようだ。天窓からダイニングへと光が導かれる

荒野の方舟《はこぶね》

アメリカ、アイダホ州ベルヴュー

設計：Olson Sundberg Kundig Allen Architects

この家が通称「辺境の開拓者（Outpost）」と呼ばれているのは、アイダホの人里離れた荒野の一軒家だからだ。見ようによっては大海を往くタンカーのようでもある。“お隣りさん”との近所付き合いもない孤高の家だが、長い長い塀の中には憩いの空間が設けられている

一見、長すぎるコンクリートの塀の中には、手入れの行き届いた庭園が作られ、周囲の荒涼とした風景とコントラストの妙を見せている。オーナーいわく「パラダイス・ガーデン」である

門を入り、細長いアプローチ庭をたどって十字型に切り取られた開口部へ。その玄関口でオーナーの愛犬レトリーバーが出迎えてくれる。

コンクリートブロックの逞しい質感や、厳格でシンメトリカルな造りを見るかぎり、どことなく教会のようなたたずまいである。

しかし、内部にはモダンで快適そうな生活空間とスタジオが配置されており、室内にいる限り、ここが荒野のど真ん中にあることを忘れさせてくれる。

オーナーはアーティストだから、しばしばイベントやワークショップの会場にもなるという。

ほとんどメンテナンス不要の建材を用い、四季によってがらりと変わる環境に対応した家づくりが試みられている

お伽荘

イエメン、サナア

窓の装飾にこれほど執着したマンションもないだろう。漆喰で縁どられた窓の一つ一つに住人の個性が表れているようだ

スモールハウス

イギリス、ウェールズ

波止場に建つ英国最小の家。大人は玄関をくぐって入る。
1階と2階は梯子のような階段でつながっている

のっぽ館

イギリス、サフォーク

ソーペネス村にあった古い給水塔を改修したもの。てっぺんにのせた家はチューダー王朝の建物を再現。下部は宿泊施設としても使われている

ワゴンハウス

イギリス、ケント州　設計：サイモン・コンダー

可愛らしいキャンピングカーに曳かれて道端に駐車しているようだ。サボテンのような煙突も愛嬌たっぷり

道路側のそっけない外観に対し、海側には解放感のある窓やデッキテラスを設け、眼前の海を室内に取り込んでいる

ドーバー海峡に突き出たダンジネス岬、その海辺にぽつんと建つ黒い家が人目をひく。通りすがりの観光客も思わず見とれてしまい、なかには譲ってほしいとオーナーに申し出る人もいるとか。

黒一色の瀟洒なデザイン、かたわらに据えられたキャンピングカーと相まって不思議な雰囲気を漂わせている。あたりの景観に妙に馴染んでいるのは、設計者コンダーが言うように、この地がイギリスらしからぬアメリカ西部を想わすような風景だからか。思い付きで据えたというキャンピングカーが幌馬車に見えなくもない。

もともと、ここには釣り具をしまう小屋が建っていた。初め設計者は小ぎれいなリゾートハウスを作るつもりでいたらしいが、この風土に見合った趣向をこらすことにし、面白いアイデアも盛り込んだ。

まず家の外壁に黒い硬質ゴムを用いることで防水加工を施し、“ゴムの家”をこしらえた。通りに面しては窓を開けず、黒い玄関ドアがあるのみ。この簡素なドアがみごとな演出をしてくれる。開いたとたん、眼前にパッと海のパノラマを取り込んだリビングが広がっている。しかも大きなガラス窓はスライド式で折り畳め、開け放つと広々としたテラスに一変する。家の中で浜辺の気分を味わえるという仕掛けだ。

家の空間をなるべく広く使うため、キャンピングカーの中にバスルームとベッドを設けている。

キャンピングカー（エアストリーム）はいわばこの家の「離れ」。寝室として利用している

オウムガイ邸

メキシコ、ナウカルパン
設計：Javier Senosiain

なんとも風変わりな家である。レンコンを輪切りにしたような壁沿いに
ゆるやかなステップをたどり、玄関ドアを開けて、巻き貝の中へ……

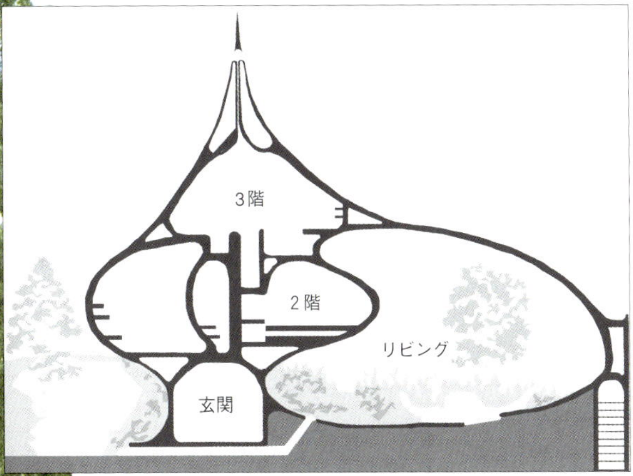

「オウムガイのような家を建てたい」。

メキシコシティで暮らす若いカップルは、小さな2人の子どもと暮らすための未来の家に対してそんな要望を出し、建築家の想像力に期待したという。

数えきれないほど模型を造り、ようやく出来あがった家の姿は、建築というよりもむしろ彫刻に近い。地震にも強い鉄筋コンクリートの構造体を包むように、白い漆喰で固められた外壁がやわらかなカーブを描いている。

本当にオウムガイの殻の中で暮らしているようだ。

1階フロアには植物も植えられ、外壁のステンドグラスからの採光がエキゾチックな雰囲気をかもしだす。巨大な巻き貝の中を石段スロープが螺旋状に3階までのびている。

丸く開けられた天窓から降り注ぐ光が、天井から壁をゆるやかに伝って、温室のような空間をやさしく包み込んでいる。

大小さまざまな部屋が螺旋階段のまわりに配されて、アメーバのように繋がった空間は、コンパクトながらとても豊かに見えるから不思議だ。

この家を屋根から見下ろせば、巻き貝そのもの、今にもノソノソと動きだしそうである。

両親の夢を叶えたこの家は、いまや子どもたちの格好な遊び場ともなっている。

ソファも椅子も家具もすべて曲線ラインのデザインでまとめられている。2階の書斎の壁面もゆるやかなカーブを描き、使いやすく落ち着いた空間をつくりだしている

翼の家

ドイツ、オーバークルハイム
設計：ニコラス・グリムショウ

丘の斜面に、翼を広げたようなガラス張りの邸宅が建っている。コクピット風のテラスが複葉機を連想させる。

オーナーは実業家の夫妻、たった二人でこんな秘密基地のような家に住んでいる。「背骨のある家」（Spine House）の名称をもつこの家は、かの建築家ニコラス・グリムショーが初めて建てた個人邸。これほど遊びの空間をもった風変わりな私邸も珍しい。

建築家がこの独創的な家に費やしたエネルギーは、通常の住宅レベルをはるかに超えた執念に近いものだった。

ハイテク建築を得意とするグリムショーの信条は、民家といえども実験的精神を忘れないこと。とはいえ、スチールとガラスの組み合わせは端正かつシンプル、コストや材料費に無駄を出さない配慮も見てとれる。

ガラスの箱に樽を貫入させたような家。作業はドイツとアメリカの建築スタッフによるコラボとなった。まず鉄骨で恐竜のような背骨を組み、壁面はガラス窓で覆っている。

ヨットのデッキみたなバルコニーや丸窓も凝りに凝っている。実際の船大工に作らせたというから驚きだ。

ポストモダンの作風だが、どこか憎めない愛嬌があるのは、建て主と建築家の冒険心と遊び心、そして執念の成せる業なのかもしれない。

斜面の上方に設けられた玄関は、飛行機の胴体を輪切りにしたようなアーチ状。こちらの壁面は磨りガラスが嵌め込まれている

玄関から邸内をまっすぐ貫通しているチューブ状の廊下。タラップのような階段が1階リビングと裏庭へつながっている。まるでジョーズが口を開けているようだ。庭に突き出たデッキに立っているのはオーナー夫妻。建築家を信じて、遊び心を盛り込んだ夢の住まいの一つである

湖上の家

ノルウェー、ノードッデン

首都オスロから西へ100kmの内陸に、美しい樹林に囲まれたティンシャ湖がある。世界で21番目に深い湖で水深は460m。そのまん中に、木造の家が小舟のように浮かんでいる。石垣で土台を組んで、伝統的な葺き屋根の上には草花も植えてある。夏はボートで渡り、湖面の凍る冬季は歩いて行き来している

レゴハウス

イギリス、サリー　設計：ジェームス・メイ

“おもちゃの家”……その夢を叶えてしまったのはイギリス・BBCテレビの司会者ジェームズ・メイ。TV番組「James May's Toy Stories」で、世界初のオール・レゴによる二階建てレゴハウスに挑戦！

場所はイギリス南部サリー州ドーキングのぶどう畑。

家づくりには子供も含む大勢のボランティアが参加したが、一つのルールがあった。もし作業開始の朝8時までに誰も集まらなければ、建設中の家をぶっ壊すというものだった。しかしその掟は破られることなく、地上6mのレゴハウスがみごと完成した。

窓ワクを製作中……。大きなレゴを使用しているわけではない。あの小さなレゴを1個ずつ丹念に積み上げていく。子供と大人が同じ作業を延々とくり返すことの面白さがある

原色のストライプ柄の家がぶどう畑に実った。あちこちに空けた隙間から外の景色が眺められ、光を取り込んでいる

使用されたレゴの数は330万個！ もちろん家具もすべてレゴ製。椅子やテーブル、トイレ、シャワー室、ちょっと寝心地のわるい固いベッドまで……。

よって、タダ同然（？）のこの家は、不動産マーケットのなかでも最もお買い得物件かもしれない。

ジェームズいわく、「このレゴ製のおもちゃの家の唯一の欠点といえば、仕舞い場所がないことかな」。

彼はこのプロジェクトを通して、部屋にこもりきりのゲーム・ボーイたちを解放することを願っているとか。

寝室も見事なほどにカラフル！床、壁面、ベッドまで、すべてレゴ製。ブロックの艶に光が反射して輝いているため室内はとても明るい

海辺のキッチンハウス

イギリス、ケント州　設計：サイモン・コンダー

イギリス海峡を一望する灯台のかたわらに“電車の厨房”を取り込んだ奇抜な家がある。この家も「キャンピングハウス」を設計した建築家サイモン・コンダーの手によるもの。リビングのまん中にでんとキッチンを据えることで、芝居の舞台のような空間を創りだしている

デッキ張りの屋根に上がれば、船の甲板に出たような気分。ドーバー海峡の水平線……その彼方はフランスである。

屋根の先端に潜望鏡のように突き出ているのは、ストーブの煙突。この下に玄関から海に向かって廊下が１本走っている。

外壁には冬の寒風を凌げるよう、厚い断熱材が施してある。また、両サイドのコの字型に切り取られたエリアには中庭が配置され、十分な太陽光を取り込むことで、パッシブソーラー住宅の考え方を実現している。

ほかにも四方に開口部を設けることで、自然通風や自然換気を促し、隣接した灯台や沿岸警備隊の基地、原子力発電所などの様子も観察できるよう、パノラマ・ウィンドも配置した。

屋根もすべてデッキにするなど、まさに環境に同化するような家である。

海に面した南側は開放的な大きなガラス張り。窓から取り込む太陽光は、ダイレクトゲインの効果で暖房効果にも一役買っている。

窓ガラスに映りこんだ海岸風景と電車のキッチンが織りなす不思議な光景

玄関からリビングに一直線にのびる
廊下。自然通風も完璧である

リビングの中央に19世紀の旧いチンチン電車の車輌を据えて、厨房に……。みごとに収まったキッチンセットが照明に浮かび上がり、料理人はここで下手な料理は作れないという気配が漂っている。とはいっても、レストランではなくれっきとした私邸であるから、ベッドルームもバスルームもちゃんと設わっている。

建築家コンダーの豊かな想像力と機知に富んだセンスが盛り込まれた傑作と言っていいだろう。

オープン・セサミ邸

インド、アーメダバード　設計：Matharoo Associates

インド西部の都市アーメダバードでは、“ポル”という街づくりの伝統が今も残っている。ポルとは外壁によって区域を分割するものだが、それぞれ区域内に広場などを有し、結束の強いコミュニティを形成している。

大家族が暮らすこの邸にもその伝統が生きている。植民地時代の為政者の邸にヒントを得たコンクリート打ち放しは、かのコルビュジエの一連の作品を彷彿させ、ストレートなコートハウスの形態もモダニズムの手法そのものだ。

なんといっても圧巻は“開く壁”だ。「オープン・セサミ！（開けゴマ！）」と唱えてスイッチを押せば、窓と飾り棚のついたコンクリート壁が電動装置で回転し、あっという間にテラスの両側にぴたりと収まる。いかに快適で広い居住空間を設けるかということで考案された“からくり仕掛け”である。壁がオープンしてできた中庭は、外壁によりプライバシーも保たれる。また天然石張りの床は、裸足で歩くと心地よさそうである。

「オープン・セサミ！」

一瞬にして屋外リビングが生まれる魔法の仕掛け！

サボテン荘

アメリカ、アリゾナ州

設計：リック・ジョイ

アリゾナ州ツーソンのサボテンが林立する荒野のまん中に、なんともモダンな家がぽつんと建っている。さながらカウボーイの幌馬車が野営しているようだ。建築家リック・ジョイが砂漠のなかに造った遊牧民の家は、大小3つのボックスが気ままな方角を向き、どこか可愛らしい。一番大きな箱はリビング、キッチン。その隣がベッドルーム、ちょっと離れて仕事場がある。

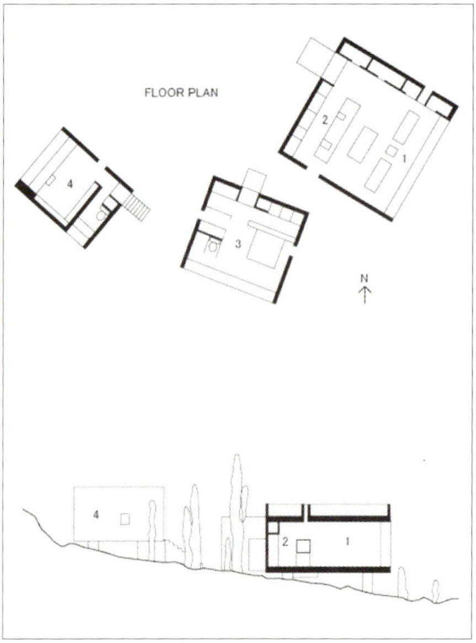

コンテナ状のボックス3つで構成された家。外壁はスチール鉄板で作られ、南面は総ガラス張りで、自然のサボテン園を借景に取り込んでいる。室内は荒野の厳しい気候の変化などどこ吹く風といったような快適空間に仕上げられている

激しい温度差に耐えるかのように、外壁に塗られた赤錆色のペイントがサボテンの緑と美しいコントラストを見せている。

外部とは対照的に、内壁と天井はナチュラル仕上げの合板を基調としたシンプルな内装。床には苛酷な気候を和らげてくれる柔らかい楓材を使用している。

ガラスとスチールで端正に構成された建築の室内には、ミースのバルセロナ・チェアやアフリカの民芸家具などモダンな家具やアートが配されて、落ち着いた雰囲気が漂っている。

魚影の家

ギリシャ、サントリーニ島

エーゲ海に浮かぶ島の傾面に建ち並ぶ白い家。なかに一軒、屋根に魚群を描いた遊び心あふれる家がある。魚影をかたどったプレートを数十枚も貼り付け、尻尾をはね上げた 魚たちは、海をめざしている

海の玄関

ギリシャ、エーゲ海

これもエーゲ海に面した家。そそりたつ崖の上に、海を背にした門構え。敷地のいちばん高いところに門があり、脇の階段をとことこ下りていくと、眼下にぱっとエメラルドグリーンの海……

テラスの塀の高さはわずか50センチ。オーナーは高所恐怖症ではないらしく、このプライベート・カフェを鮮やかなピンクとブルーで彩り、危うさを愉しんでいるかのようだ

現代版
縦穴式住居

広島県西条市　設計：谷尻 誠

　ふかふかの緑の絨毯の上に覆いかぶさるように架けられた古墳のようなとんがり屋根。さながらピラミッドのような黒い表面には、大きな窓らしきものは見当たらない。しかしよく見ると、その頂部には天窓らしきものが。ここから差し込む明かりは、ローマのパンテオンのような繊細な光のシャワーなのだろうか。閉鎖的な外観だからこそ、なおさら中を覗きこみたくなってくる。

やわらかい緑の基壇にふわりと着地した三角おにぎりのような家。その頂部にあるトップライトと足もとに見えるスリット以外には、窓らしきものが見当たらない

周囲の家のなかで異彩を放つ、宇宙船のような家——内部は正面から見るかぎり想像できない

半地下の玄関を入るやいなや、目に飛び込んでくるのは360度切り取られた水平連窓。四隅に配したV字型の斜め柱は外壁同様に黒く塗装され、この支柱によって半地下空間と上部空間が見事に分節されている。そのスリット状の隙間から覗く土手の緑を、借景として内部に取り込むという仕組みだ。

屋根部は上下二層のフロアに分けられ、中央に設けた内部階段でつながっている。階上のスペースは小さいけれど高い天井を確保。頂部から降り注ぐ光のシャワーを浴びながら、遥か太古の家に思いを馳せる……そう、この家は縄文時代の竪穴式住居といっていい。

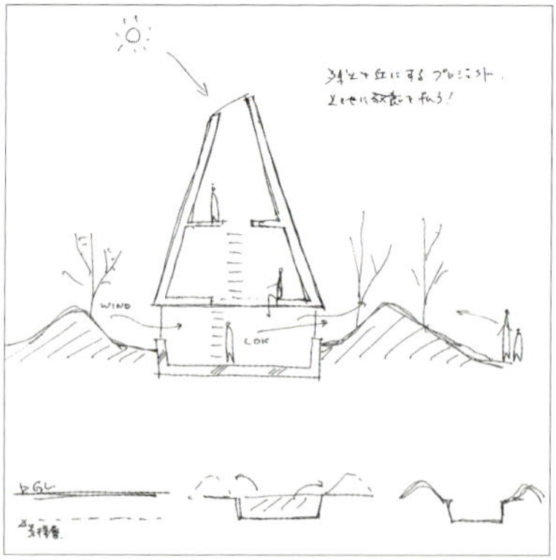

建築家による残土処理のイメージと建物断面のスケッチ。これをみれば建築家の着想点や目論みが手に取るようにわかる。この土手の形状は、伊賀の忍者屋敷の「土塁」にも似ていて興味深い

半地下空間の足元を覗きこむと、しっかりとしたV字型の柱で支えられている

2～3階をつなぐ黒い直階段は軽やかでシャープ。奥に見えるガラス張りのバスルームは透明感抜群。この階段吹き抜けを介し、下のキッチンとゆるやかな連続を見せている

この土手の正体は、掘削の際に出てきた残土だというから驚きだ。処分する土をあえて利用することで、環境に敬意を払っているようにもみえ、これぞエコロジー住宅のお手本。しかも土手に反射した光が室内に注ぎ込み、反射板の役割も担っている。うっすらと緑に染まる天井はまさしくその効果であろう。この土手のおかげで外部からの視線も遮断し、プライバシーを確保している。

半地下空間から外部を眺める。目に入る一面鮮やかな芝生の緑は残土を盛ったもの……予想以上の明るさだ

地下に埋まるリビングに拡散するやわらかい光と、天窓から降り注ぐ淡い光……。作者が意図したかどうか分からないが、そこには人間の原初的な生活を思い出させる空間要素がたくさん詰まっているようだ。

裏側に回ると現れる玄関ドアと大きな窓。半地下の空間に降りる階段は、まるでUFOにアクセスするためのアプローチようで、わくわくする

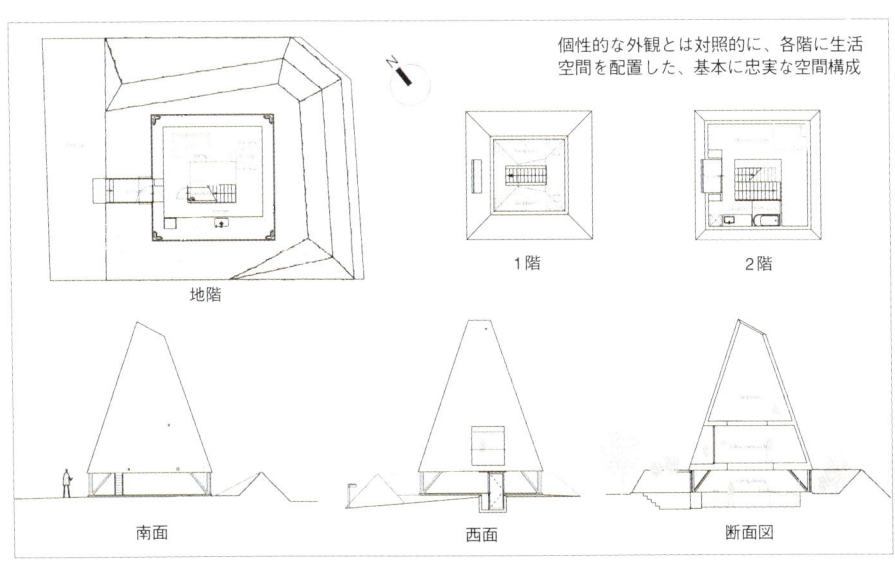

内部から漏れる明かりが象徴的な夜景。
水平連窓で切り取られた上部のボリュームが浮かび上がっているように見える

個性的な外観とは対照的に、各階に生活空間を配置した、基本に忠実な空間構成

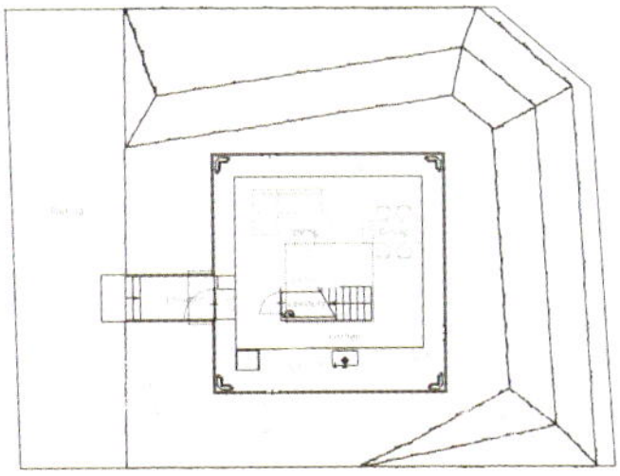

地階

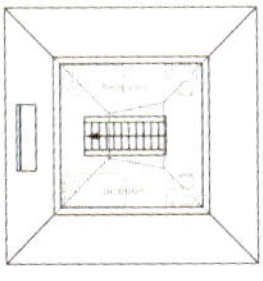

1階

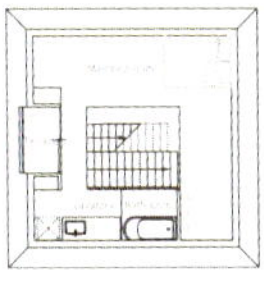

2階

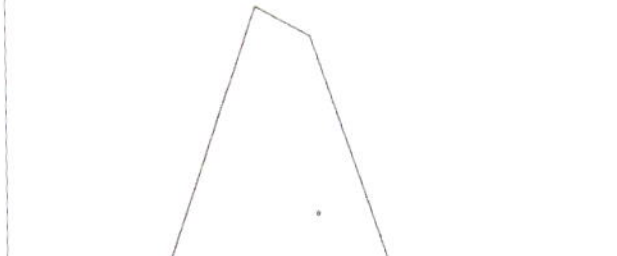

南面

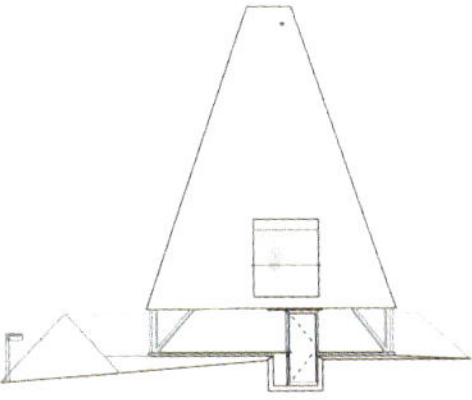

西面

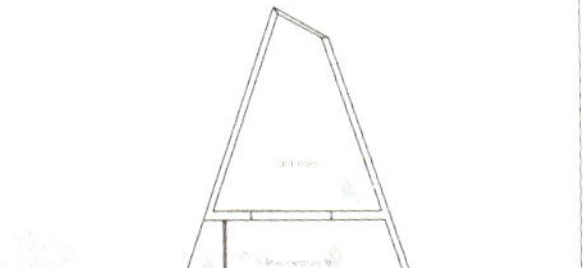

断面図

田園の棲み家

広島県呉市郷原町　設計：谷尻 誠

細長い短冊のような建物の随所に設けられたいくつかの穴。くり抜かれた空間から、内部の生活が垣間見える。切り取られたピースは2階に搭載されている、いわば積み木のような家だ。

見渡す限り広がる田んぼの真ん中に、長々と横たわる黒い箱は、一見家には見えない。さしずめ現代アートの展示物といったところか。

ところが、一歩室内に入るや、そこは端正なモダンハウスの佇《たたず》まい。

ところどころ切り取られた箱の一部にはガラスが挿入され、中庭として利用されている、いわゆるコートハウスだ。日中はそこから内部に光が差し込み、夜には内部の光が外部に発光するという仕掛けである。

箱を輪切りにしたような外観は一見、穀物倉庫にも見え、田園風景と現代建築のギャップが面白い。道路と屋上は同じレベルで繋がっている

リズミカルに分節された黒い箱。その間から差し込む光が内部に広がるという仕組みだ。背景に映る山並に同化するようなモノトーンの外観はモダンでクール

切り取られた中庭から洩れるきれいな明かりが象徴的な夜景。地に足のついた人々の生活の断片が再確認できる瞬間だ

コの字形のピロティ空間で切り取られた風景は、絵画のように美しい。一面に敷かれた砂利と、眼前に広がる田畑の緑が鮮やかなコントラストを見せている

屋上へのアクセス階段。上部に架かる二階の屋根が浮いているかのように美しく空を切り取っている。内部と外部の境目が分からなくなるような仕掛けが素晴らしい

コの字形をしたコンクリート断面が、建物のエッジを強調させ、まるで絵画のように風景をトリミングしている。のどかな自然とは対極的なデザインかと思いきや、意外にも馴染んでいるから不思議だ。

それにしても、日本の田園風景を美術館のような内部空間に取り込もうとする建築家の戦略は見事といえよう。

密集地域でないからこそ成立する贅沢な空間術が盛り込まれているが、その根底には、自然のなかで建築はかくあるべきという作者の意匠がうかがいとれる邸宅である。

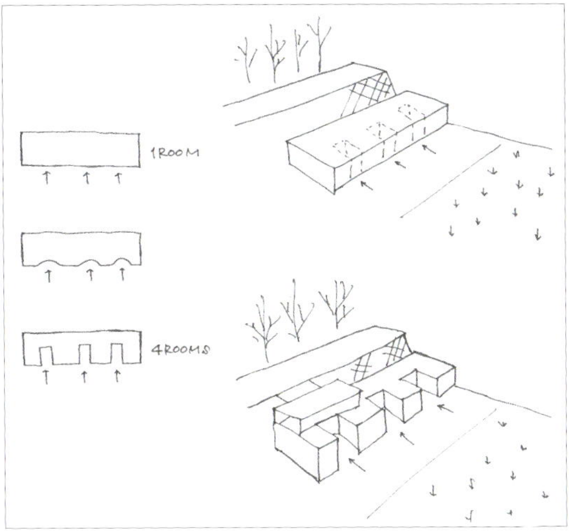

建築家によるコンセプト・スケッチ。四角いワンルームの壁面を窪ませ、穴を開けるという単純な操作により、複雑で奥行きのある空間を生み出そうとする意図が読み取れる

メインベッドルームから連続する中庭シーンの眺め。リズミカルに切り取られた中庭に同調するようなブラケット照明が空間をドラマティックに仕立てている

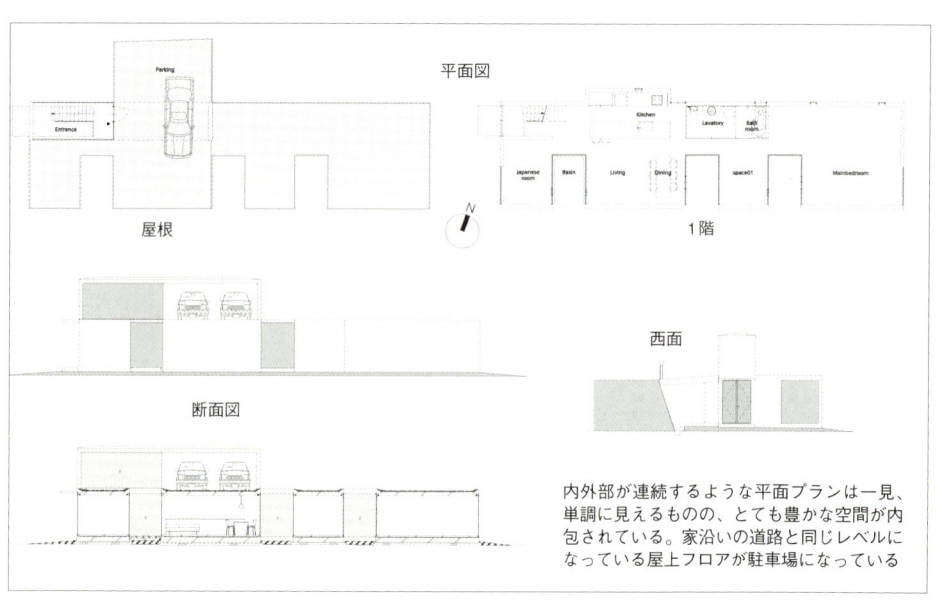

室内には、ガラスによって区切られた水回りや庭が取り込まれている。淡い光が差し込み、床や天井に生み出される光のグラデーションはお見事

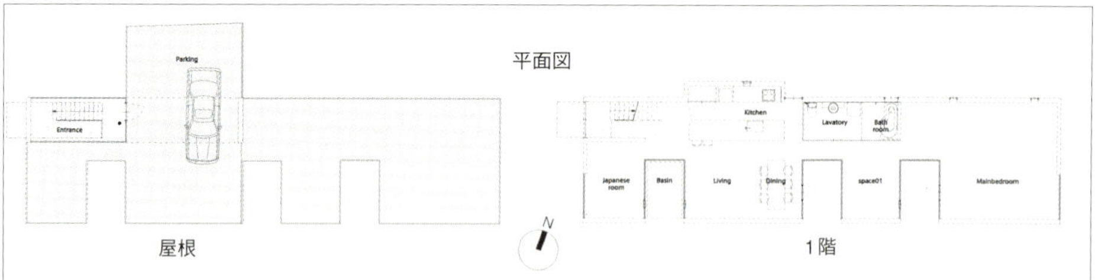

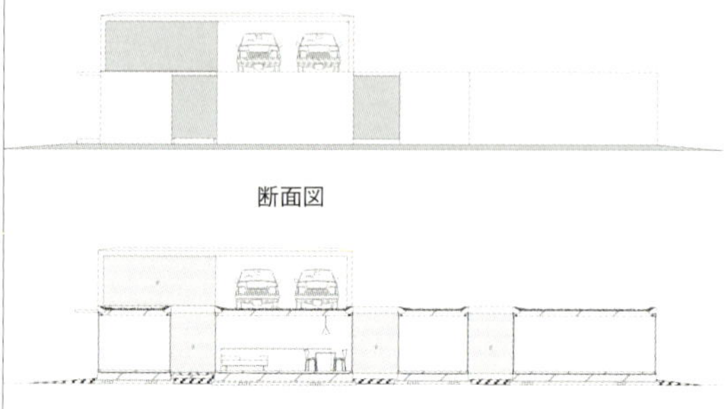

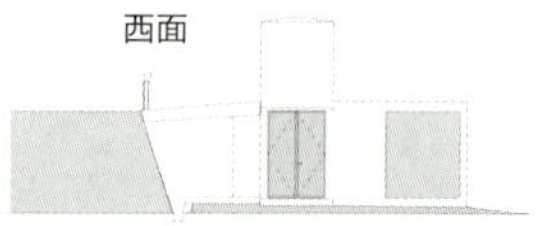

内外部が連続するような平面プランは一見、単調に見えるものの、とても豊かな空間が内包されている。家沿いの道路と同じレベルになっている屋上フロアが駐車場になっている

床に埋め込まれたバスタブが象徴的なガラス張りのバスルーム。低い視線で田んぼを眺めながら、室内にいながら露天風呂の気分が味わえそうだ。その隣にはラウンジのような空間を配置し、ひとつながりの空間として使用できる

モザイクの家

東京都目黒区　設計：武井誠＋鍋島千恵／TNA

軽く会釈しているかのような白いモザイクタイル貼りの建造物……。窓も少なく玄関らしい玄関も見当たらないので、一見、シンボルタワーか小さな劇場にも見える。

ところが、ちょこんと頭を垂れているようなこの建物は、れっきとした個人の家なのだ。

敷地はどこにでもありそうな住宅街の一角。商業エリアであることから、将来はビルに囲まれてしまうことを想定し、あえて外部には小窓以外の大きな窓を設けていない。かわりに光を取り込むための大きな天窓を配置した。すなわち、この家の最上階には天井も屋根もないのである。

南の道路側に確保した駐車場に覆いかぶさるようにゆるやかにカーブし、さながら太陽の方向に誘われる向日葵（ひまわり）のようだ。周辺の民家の間に植わっているような姿は、コントラストの妙といえよう。

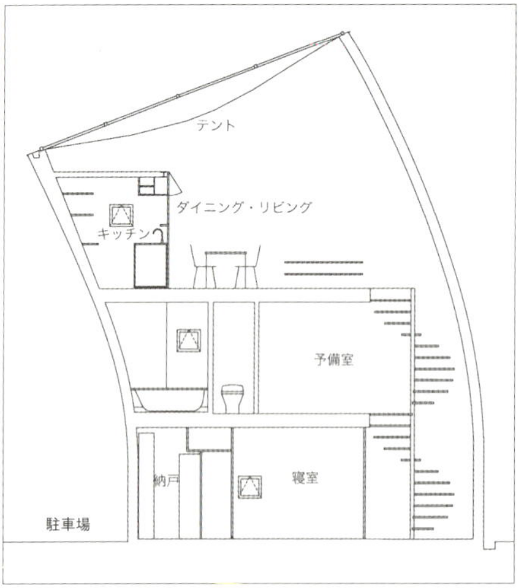

駐車場に覆いかぶさるようにお辞儀をしているような外観。なぜ通りに面した1～2階の窓が少ないのか、なぜこんなに曲がっているのか？　すべては3階の意匠に秘められている……

街角に立って、「こんにちは」と道行く人に挨拶しているような佇まいは、どこかユーモラスで和やかな雰囲気を周囲にふりまいている。白いモザイクタイルの外装により、奇抜というよりもチャーミングな家といった印象だ

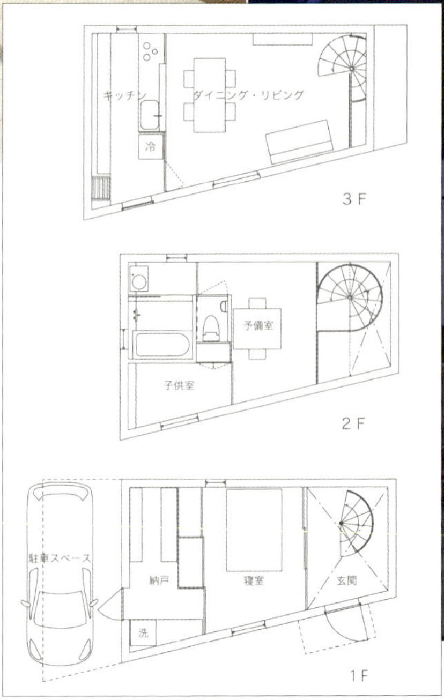

3階の天井は全面が天窓！ 内側の取り外し式のテント以外に空を遮るものはない。青空のもとでの生活は、屋外のような感覚を存分に味わえる。

このしなやかで斬新な発想は、才能豊かな若き建築家の成せる業にほかならない。これ見よがしではないさりげなさやバランス感覚も秀逸だ。

なによりチャーミングなその姿形が微笑ましく、この街になごみの気配を漂わせている。建て主の遊び心をうまく表現した会心の一作は、将来、商業化していくであろう街並みに、暮らしの楽しさを伝えていくことになるだろう。

見下ろすと、周囲の住宅とは一線を画しているのがよく分かる。さながらサーチライトの光源のようにも見えるスカイライトから溢れる光が、東京の宵闇を照らしている

入れ子の家

House N　大分県　設計：藤本壮介

道路から見上げると、ランダムにあけられた天井面の穴から空が透けて見える。一見、内と外の境界が分からない

　ありふれた住宅街に、忽然と現れるこの家らしき不思議な建造物。コンピュータ・グラフィックスの映像ではない。一見、カフェやショップのようにも見えるが、れっきとした住宅である。街並との強烈な対比を感じさせる外観には、目を見張るものがものがある。
　まず特徴的なのは、四角い窓がアトランダムにあけられた外壁。よく見ると外壁の向こう側には樹木の茂みが垣間見え、さらにその奥に外壁らしきものも透けて見える。一体どうなっているのか？
　外部から見る限り、そこが室内であるのか、室外であるのかは不明だ。いや、すべてが外なのかもしれない……などと、あれこれ想い巡らし、つい覗き込みたくなる。
　しかし、内部に一歩足を踏み入れてみると正体が露わになり、疑問は一気に解消される。穴のあいたボックス状の躯体が3重に「入れ子」構造になっているというわけだ。

大きい開口部が玄関口。株立ちの緑が白壁に挟まれた内庭に美しいコントラストを生み出している

外と内が常に隣り合わせになった不思議な空間で暮らす建主は、いわば常に中間領域にいるような感じなのだろう。パズルの中に迷い込んだような空間は、独特の距離感と奥行きを生みだし、通常の住宅のスケール感をいとも簡単に奪い去っていく。

敷地全体を覆う大きなボックスの内側に、2つ目の箱がかぶさって庭を形成する。この箱の内部が室内で、さらにその内側に3つ目の箱が挿入され、スペースを区切る役割を果たしている。

ちなみに3つ目の箱の内部はリビング、ダイニングで、そこからの眺めは万華鏡を覗き見るようで不思議だ。そのアウトサイドに寝室や畳の部屋がある。

リビング、ダイニングの上に覆いかぶさる2番目の外殻。その間に生まれた“隙間”こそが、この家に癒しの空間をもたらしたといっていい。差し込むアトランダムな光が、落ち着いた雰囲気をかもしだす

断面図

蓋をするように三重に重ねられたボックスの壁や天井にリズミカルな穴が配置され、外の景色を取り込む仕組み。平面のみならず、断面も入れ子の構造になっている。空、木、壁などを見越した複雑な風景が、圧迫感のない豊かな奥行きや絶妙な距離感を生み出している。みごとな建築家の意企と言えよう

平面図

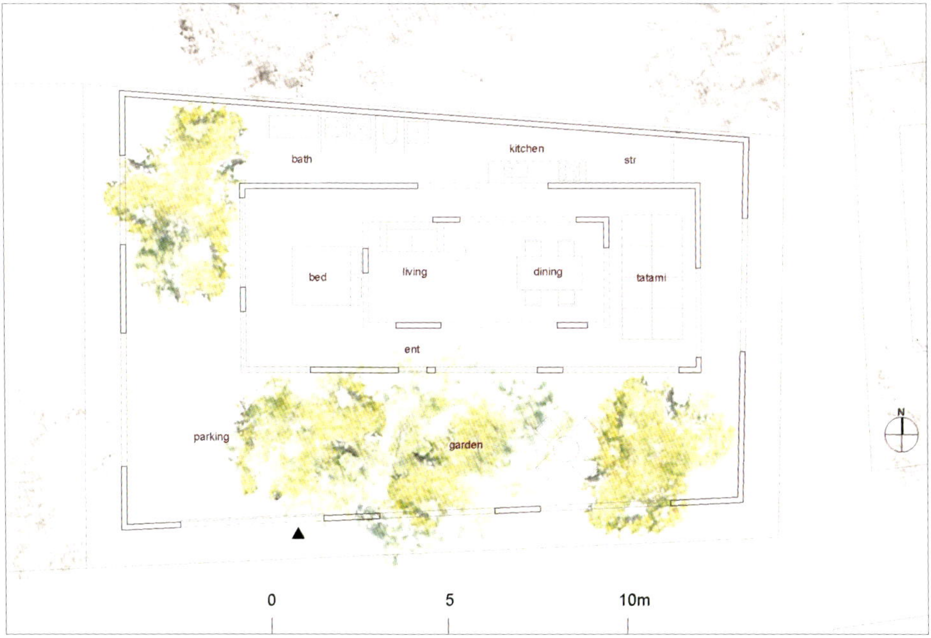

中庭のテラス。穴のあいた外壁や屋根で囲われ、半屋外のような光を浴びる。森の中の木漏れ日のような心地よさ

明かりが外に漏れ、幻想的で美しい夜景。ガラス面が直接見えないため、住宅というよりも、洒落たレストランのようだ

けっして窮屈な感じがしないのは、やはりランダムにあけられた四角い穴が連続していて視覚的な距離を生みだしているからだろう。

また、家の輪郭には厚みがあり、明確な境界が存在していないのも特徴だ。どこにいようと、さりげなく外部を感じることができる。そこには、内外のはっきりした旧態依然の家の概念を、ファンタスティックに覆してみせようとする設計者の自由な発想がみてとれる。

いうなれば、この家は街並み自体を内部に盛り込んでしまっている。夜になると浮かびあがる行燈（あんどん）のような光が、街並みに優しい印象を与えているのは、建築家の当初からの狙いであったにちがいない。

リズミカルな窓やパズルのような構造体そのものが照明器具になる。新しさと古さが同居したようなこの建物のもつラディカルさを、やさしく包み隠すかのように、内部の木々のシルエットが美しく浮かびあがっている。

材木小舎

Final Wooden House

熊本県　設計：藤本壮介

森に包みこまれた積み木の箱のような家。川に架かる
吊り橋がお伽の国へ誘ってくれているようだ

太い角材でがっちりと組まれ、ランダムに開けられた小窓が面白い。たそがれどき、木箱から洩れるやわらかな光。緑のなかにオレンジ色の灯がともり、人の暮らしここにあり、の感がある

土台の上に角材を11段積み重ねてこしらえた「室」

熊本の山あいを流れる球磨川のほとりに、積み木のような四角いバンガローがある。その姿は彫刻かオブジェのようにも見えるが、照明も灯り、キッチンもある小さな家である。

構造材として使用されているのは350mm角の杉材、しめて191本のみ。日本が誇る杉材は、内部はもちろん外部や屋根、構造材としても使用できる万能材だ。建築家は、あえてこの材料のみを用いて、原始的な空間ができないかと考えた。

なるほど、構造や内外壁だけではなく、テーブルや窓台にいたるまで杉材でこしらえた空間は、コンクリート打ち放しならぬ「木造打ち放し」——。西洋の組石造を彷彿させる分厚い角材が、その迫力を増長させている。さながらロマネスクの教会のような静謐な空間は、木造のレベルを超越した緊張感をもちながらも、ラフな雰囲気も忘れていない。素材の迫力とは対照的に、生み出される空間はコンパクトで、中にいるうちにスケール感も麻痺してくるだろう。

人間は行きつくところ、木の上に登るか洞窟に戻るか、いずれかを選択する宿命なのかもしれない。この家を見て、改めてそんなことを感じる。この地から生まれた材料と、シンプルな形態から生まれた母胎のような小空間は、時が経つにつれ環境と同化し、やがては原点回帰するであろう。

木組みによって生まれた僅かな空間や隙間から垣間見える人の暮らしの断片。その灯が消えぬ限り、小さな建築の息吹が絶えることはない。小さくても、力がみなぎる建築がそこにある。

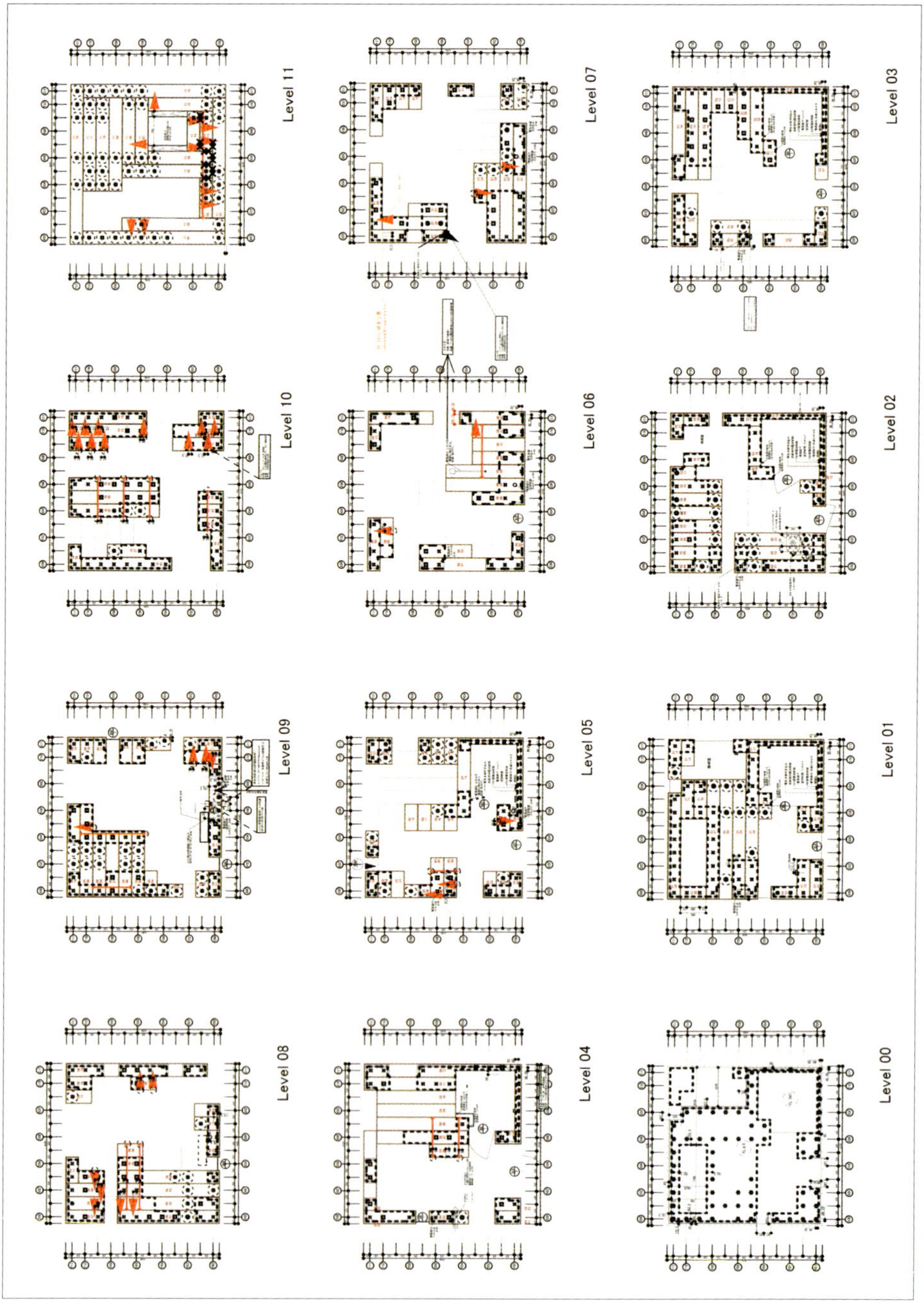

11段に積み上げられた角材のレベルによる配置図。外部からは想像できないほどの複雑な構成であることがわかる。これぞまさしく“寄せ木細工”にほかならない。この複雑なシミュレーションが、室内環境に多大なる影響を与えている

現場模型による検証。実際の素材を使ってスケール感を確認する作業は緊張の一瞬だ。緻密なシミュレーションを経て、はじめて精度の高い建物は完成する

施工の様子。まるでログハウスをつくるような感じでシンプルに杉の角材を積み重ねていく。構造がそのまま仕上げになっている

外観からの想像をはるかに超えた明るい室内。けっして広くはないが、隠れ家もどきの空間は居心地がよさそうだ。素材の骨太さが安心感を呼び、凹凸を利用したテーブルや窓台にも脱帽

東京アパートメント

東京都　設計：藤本壮介

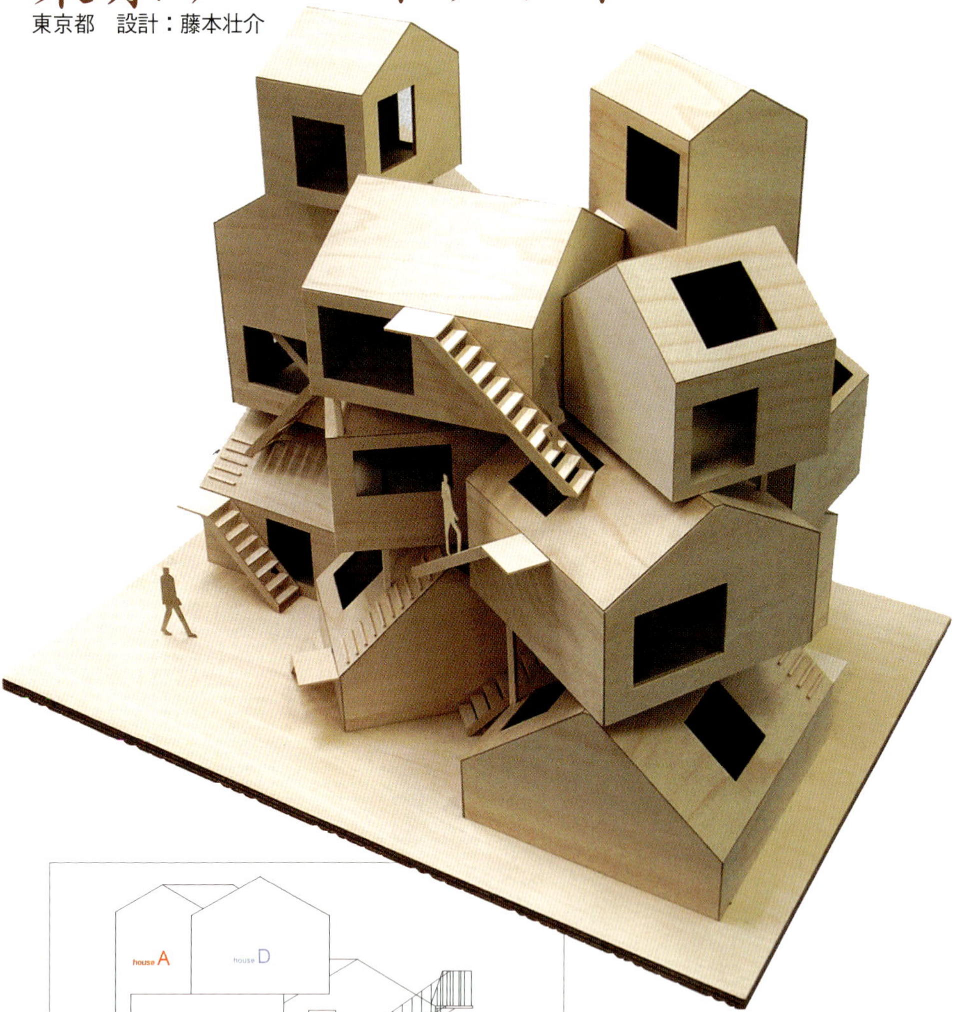

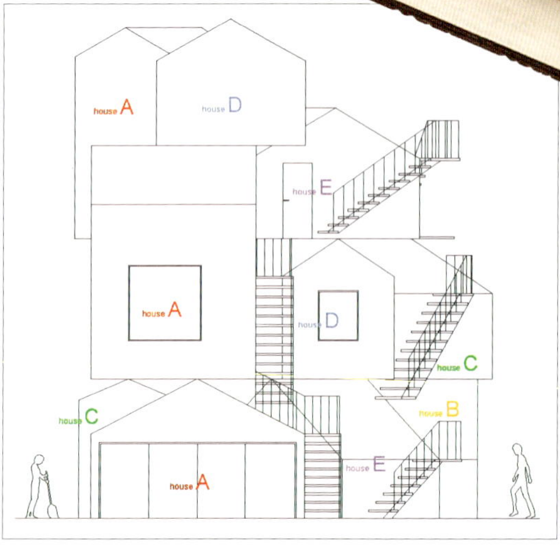

木材で造られたアパートメントの模型。家形の箱が積み木のように無造作に重なり合ったラフな形。各住戸は見慣れた形だが、集合すると不思議な新鮮さがある。折り重なった住戸が直階段で繋がっている。上へ上へと歩を進めていく形状は、ツリーハウスの感覚にも似ている

わずか5つの住戸からなる集合住宅の計画模型である。いくつかの階段によって切り結ばれた大小異なる空間は、すべて家の形をしている。それは東京のどこにでもあるような切妻の家形であり、まるで鳥の巣の集合住宅のようだ。

どれもが違う方向を向いて繋がり、なかにはトリプレットの複雑な部屋があったり、屋根を歩いてアクセスする住戸もある。その様は、混沌とした東京という街のイメージと重なる。

微妙に重なり合った隙間から差し込む光は、意外なほどドラマティックだ。偶然の重なりによって織りなす陰影の豊かさも、空間の魅力となる大切な要素といえよう。

どこか懐かしく見えるのは、やはりこの家形のせいだろうか。家がもつ普遍性をかたちづくるこの東京アパートメントは、理論的には増殖も可能だ。そうなれば、まさしく立体都市のように巨大化するが、このヒューマンスケールだけは変わらない気がする。まもなく、東京の一角にこの砦のような集合住宅がお目見えするだろう。

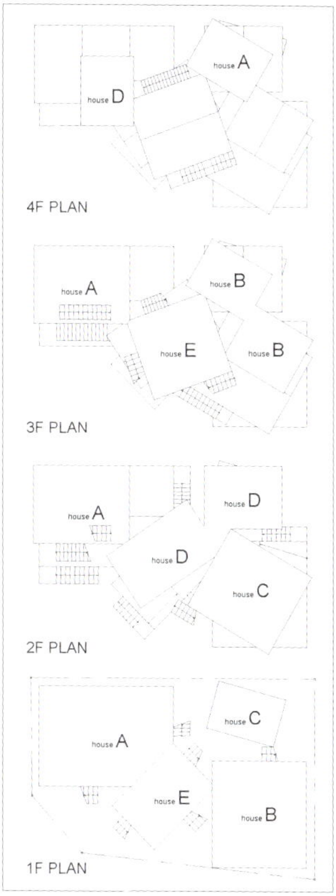

平面図から各戸を微妙にずらして構成しているのがわかる。違う方向に四角く切り取られた窓からの景色は当然、異なっている

箱を積み重ねたようなアパート……危うい感じも否めないが、坂の多い東京の斜面に建ててみたくなる面白いフォルムだ

桟《さ》敷《じき》の家

愛知県　設計：Power Unit Studio

分譲宅地の立地条件を生かし、道路面からのゆるやかな斜面に建てられたワンル…ム構成の家。…を出た…側はゴ…ラに乗っ…ような…感

思いきって迫り出した巨大なバルコニーは現代版の桟敷席といったところ。床の半分に傾斜をもたせている意匠に注目したい。足を投げ出して座ったときの浮遊感は、船の甲板で憩うような気分か

地層の家

千葉県　設計：中村拓志

地面の下から、むっくりと地表に現れ出たような家である。

大地と戯れる暮らしを求める人が多いのは、自然との距離感を縮めたいと願う、ごく当たり前な気持ちの表れだろう。山から海へと連続するこの家をみると、プリミティブな人間の生活が思い出されるようだ。

屋上に咲き誇るコスモスが、遥か彼方に見える水平線とひとつながりになる。隆起した地層を彷彿させるこの家は、ふだんは都心のマンションに暮らす若い家族のための週末住宅である。

屋上は野原。隆起した地表を花畑にという心憎い発想。
煙突がなければ、この下に家があるとは思えない

一見すると、その外観はアフリカあたりにある日干し煉瓦の民家にも似ている。現地の土とセメントを混ぜて塗られたシンプルな箱で造られていることもあって、どことなくかわいらしい印象だ。

里山や海に囲まれた周辺環境を見渡す限り、建物からの視界を遮る存在は見当たらない。まさにランドスケープと一体化した、つつましやかな住宅といえよう。

チークの床が敷かれたLDKから海側にせり出すように設えたウッドテラス。大きな縁側は、アウトドア・ダイニングとしても機能する

リビング・ダイニングから、デッキテラスを見る。その先に広がる海の眺望。山側の窓をあけ放つと、海から心地よい風が吹き込んでくる。窓辺の薪ストーブの煙突は屋上のお花畑へ突き出ている

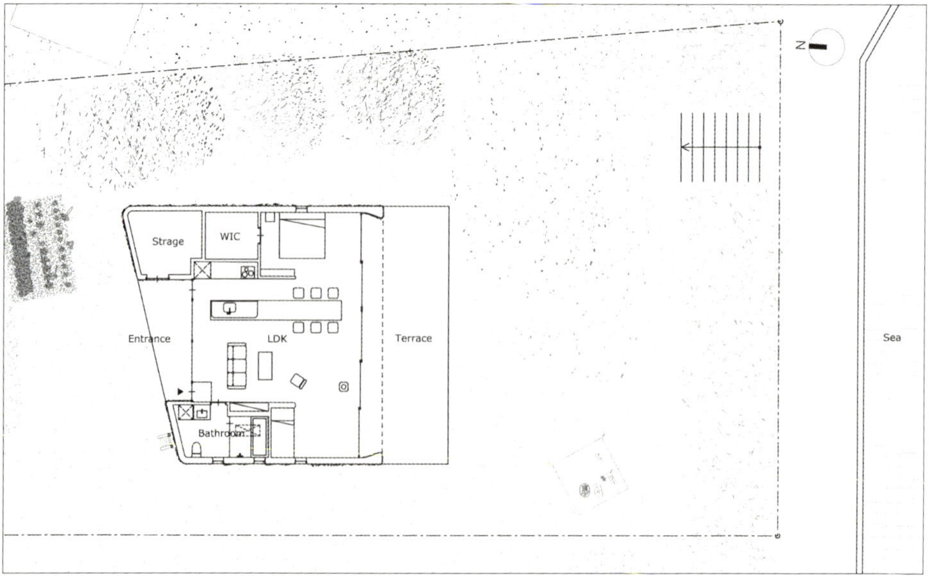

リビングからデッキテラスへの繋がり。限りなく同じテイストの素材を使用し、段差なく繋げることで、より一体感を生み出せる。ここに座ると波の音を聞きたくなるはずだ

あえて荒々しく仕上げたセルフビルドの土壁。その足元をみると、あたかも地面から隆起したかのごとく、大地と土壁がなめらかに繋がっているのがわかる

「庭での土いじりの延長にあるような、そんな建物は可能だろうか……」建築家のそんな思いから、南房総の山と海の狭間にこんな傑作が生まれた。都心に住む三人家族が、週末に自然とふれあうための住宅である

山側から見た黄昏シーン。海と山の境に、ひょっこり地表から出現した“地層の家”……文字通り、壁には地層が表われている

屋上には断熱材のほかに15センチの土と緑化を施すことで、安定した舞台を維持できる。一面に咲き誇るコスモスをはじめ、さまざまな品種がミックスされた屋上庭園は四季折々の草花が咲き、プライベートの楽園そのものといっていい。

また、コンクリート下地の外壁仕上げに用いられたのは珪藻土と土壁。よく見ると、貝殻や砂利が無造作に埋め込まれていて個性的な地肌を見せている。

「セルフビルドによる自らの痕跡を残しておきたかった」と語るベルギー人のご主人の考え方がよく反映されている。親しみを感じる家こそが、さまざまな記憶を受け継いでいくのだろう。

けっして研ぎ澄まされたミニマリズムを求めているのではない。欲しかったのは、ざっくりとした程よい味わいと、住まうほどに深まっていく家族と建築の一体感だ。

時間とともに味わう自然が体感できるこの家は、未来を刻む地層そのものであるような気がする。

鳥声の家

Dancing trees,Singing birds

東京都　設計：中村拓志

鬱蒼と生い茂る樹林の中に幻想的な別荘……かと思いきや、これは東京都内に建てられたれっきとした邸宅。森の匂い、小鳥のさえずり、風の音を体感できる“自然の館”である

この3階建ての邸宅が建つ以前、ここには都心とは思えない15mを超える巨木が林立していた。そこで建築家は、これらの木々をなんとか伐採せずに建築できないものかと考え、最終的に共存という手法をとったのだ。それが「森へ帰る」コンセプトの強い基軸になっている。

木を伐採することなく建築面積を最大限に確保する——そのためにまず樹木の根や枝ぶりをレーザーポインタで測量。

さらにコンピュータ・シミュレーションによって台風時の揺れまで解析したうえで、ぎりぎりの位置に壁面を設置したというから驚きである。そのせいで多少いびつな外観になっているが、そこは御愛嬌。むしろ自然をあるがままに受け入れた大らかさが滲み出ている。

スパハウスのリビングから中庭を望む。緑のスクリーンが眼前に広がる寛ぎの間である。内と外をつなぐミラー建具と水盤によって、室内に自然を呼び込む仕掛けが心憎い

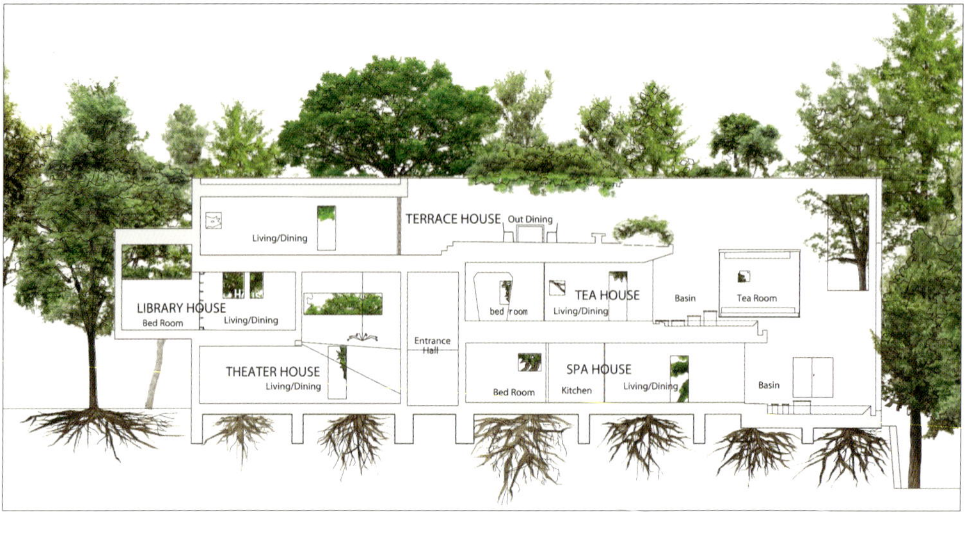

できるだけ内部空間を広くするべく設けられた外壁により、浴室や書斎などの小部屋が森に溶け込むように寄生している。

リビングも緑の採光をたっぷり取り込み、小さいながらも贅沢そのもの。自然と一体化するために取られた手法は首尾一貫していて痛快！これぞ建築家の執念といえよう。

自然をいったん手放せば、取り戻すのは容易ではない。そんな思いでこれからの集合住宅のありように一石を投じた建築家の手腕もさることながら、その意匠に賛同したオーナーにも大きな拍手を送りたい。

2階のティーハウスの小さな書斎。窓やトップライトから射し込む緑の光彩が、マットなこげ茶色で染色されたヒノキ板に絶妙なグラデーションを与えている

2階のライブラリーハウス。ソファの上のトップライトから柔らかい光が射し込む。
実は左端の本棚に隠し扉が設置されており、奥の寝室へと繋がっている

3階のアウトダイニングからテラスハウスを見下ろす。屋上階
の広い空間……引き込みサッシュで内と外がつながる仕組みだ

3階テラスハウスの外に設けた浴室。壁から木の枝が貫入し、その先には洗濯物が……まさに自然との共存が垣間見られる

ふくらみの家

House SH　東京都　設計：中村拓志

箱のおなかがぷっくりと膨らんだ箱状の家……
窓もなく、ピンクの郵便受けだけが目に付く

わくわくする気持ちや冒険心など、建築家に期待するものは大きい。ステレオタイプではなく、いかなる型にもはまらない住宅だからこそ感じられる自由な空間もある。

都心の密集地に建つ白い小さな住宅は、目を凝らして見ると前面部分が膨らんでいる。その様子はまるでカンガルーのおなかのようで、ぷっくらとしていて可愛らしい。

隣地は三方が建物に囲われており、道路面は北側という不利な環境。本来は開口部などが欲しくなるところだが、それらしきものは見当たらない。いったい内部はどうなっているのか、予測不可能である。

まず建築家は、反対側の建物から覗かれてしまう劣悪な環境では、無理に窓を設けないほうがいいと判断。施主もセキュリティ的にそのほうが望ましいと賛同した。

道路面に駐車場を確保して、2階を建蔽率を最大限に利用すべく迫り出した結果、内部に凹みが生じた。凹みには吹き抜けを介して、上部の天窓から拡散光が降り注ぐ。

小さな子どもが腰掛けられるこの凹みのおかげで、室内にやわらかい空気感が漂っている。

くぼみで戯れる子にスポットライトがあたっているようだ

透明合わせガラスの天井を介して、くぼみに座る子どもを見上げる。こんな小さな住宅の中に、見たことのないような豊かなシーンがある。これぞ建築家のなせる業！

家の中心に、地下1階の寝室から3階の子供部屋まで、太い木の幹のように螺旋階段が貫通している。

プライバシーを考慮して設けた天窓から吹き抜けを介して降り注ぐ柔らかい拡散光……その下に寝そべったり座ったりできる、くぼみの空間が生まれた。30㎡にも満たない2階リビングに、不思議な奥行きとまどろみ感をもたらしているのは、この仕掛けのおかげだ。

左官仕上げによって丁寧につくられたこの「くぼみ&ふくらみ」は、時間や季節、天候によって神秘的な変化が見られるという。家の中で発見できるさまざまな表情が多岐であればあるほど、その家には喜びにあふれる可能性が秘められている。

この家が愛される住宅へと導かれているのは、建築家や建て主の遊び心や冒険心があったからこそだろう。

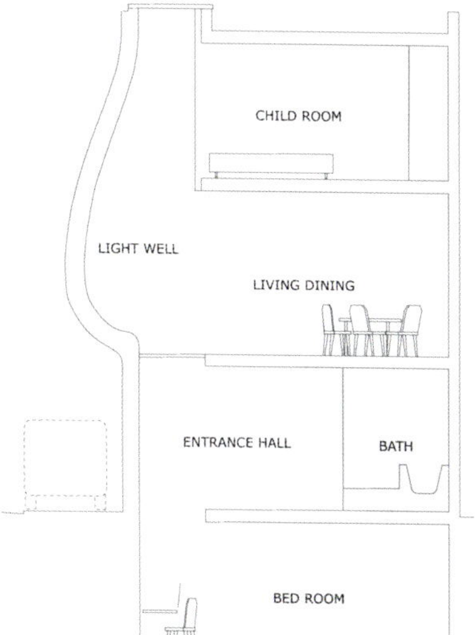

天窓からまっすぐ降り注ぐ光の束が、2階リビングのふくらんだ壁にたまる

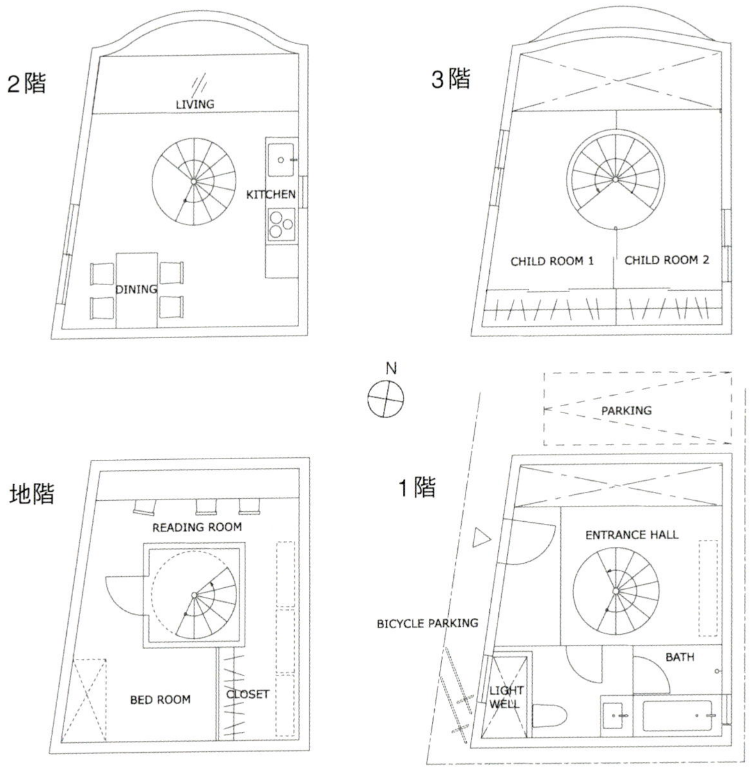

地階の書斎の造り付けデスクにもトップライトからのやわらかい光が届く。1階エントランスからのショキングピンクの明かりが吹き抜けを介して充満しているのも面白い

中央の螺旋階段の見上げ。段板の鉄板にあけられた無数の穴を介して降り注ぐ光の粒子が、やわらかい空間をつくりあげている。穴の大きさやピッチがバラバラだからこそ、独特のリズム感が生まれている

輪《わ》の家

長野県　設計：武井誠＋鍋島千恵／TNA

東京から1時間ほどで行ける別荘地。霧が立ち込める森のなかに、すっくと立ちあがる美しいプロポーションは、職人によってつくられた行燈（あんどん）のような端正な佇まいを見せている

黒いリング（輪）が重なる不思議な外観からは、一見、何階建てか想像がつかないが、実は地階とその上に２階の３層構成。そして屋上は展望テラス……。ランダムな幅のストライプから透けて見える生活の断片は、雑木林の間に射し込む木洩れ日のようでもある。

家が木々に埋もれてしまわぬよう平屋にはせず、あえて高さを求めたと建築家は言う。黒い横ストライプの梁を重ねた大胆な外観とは対称的に、内部に入るやいなやネガポジ反転のごとく「白の世界」へとすり替わる。室内はスキップフロアなどで巧みに連続させて奥行きを演出し、建築家自らが製作した家具や照明器具もうまく調和している。

あえて平屋にしなかったことで、木々の伐採を抑えながら、自然と共存することを選んだエコロジカルな住宅である。

1階リビング。上下階をつなぐ軽やかな白い階段は、ストライプ状の窓からの景観を邪魔しないよう控えめ

地階にトイレと和室、1階はLDK、2階は寝室と水まわり。厳しい冬の寒さに備え、リビングに据えられた薪ストーブ。その煙突は寝室を突き抜けて屋上へと……。奇抜なデザインに見えるが、家の中に森をうまく取り込んだ意匠が斬新である

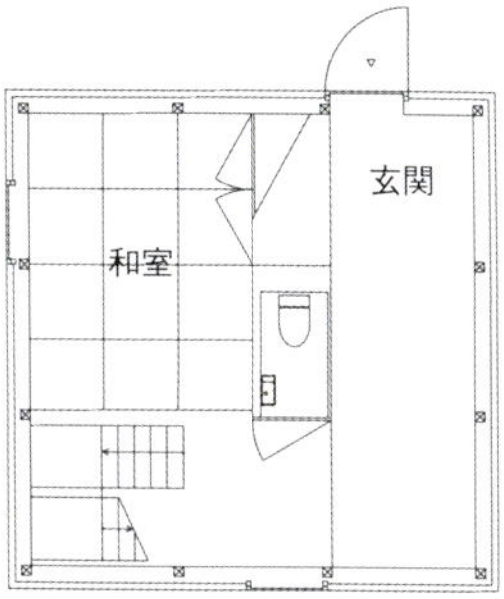

地階

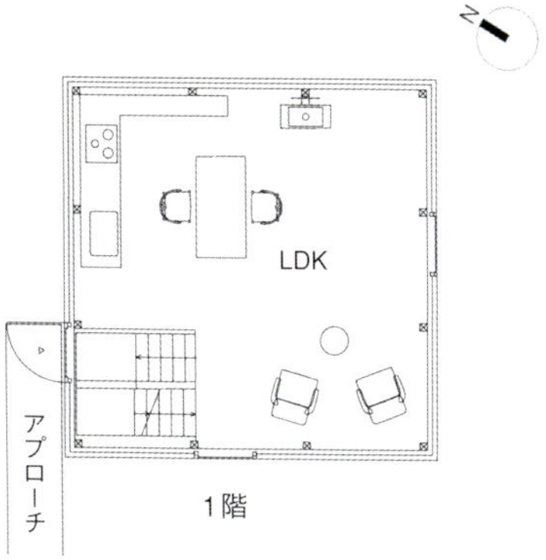

1階

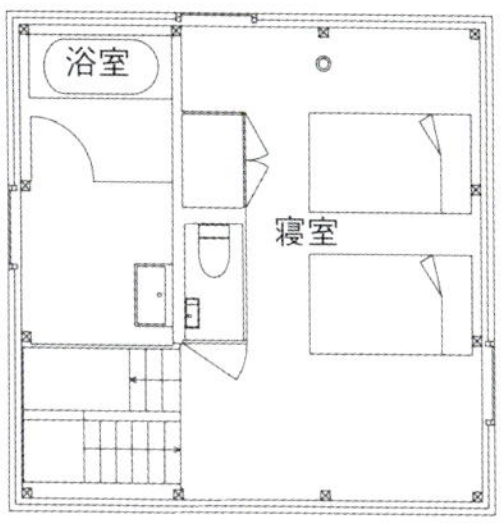

2階

廊《ろう》の家

長野県／設計：武井誠＋鍋島千恵／TNA

斜面地からU字型にせり出した建物。あえて不便な立地条件を利用することで、絶景を得ることができる。別荘は時にこんな逆転の発想が求められる

「45度の傾斜地に、眺めの良い家を」という依頼を受け、建築家が案じたのは、ロの字型の建物の半分が地中に埋まり、残り半部が宙に飛び出す大胆なデザインだった。

馬蹄形のこの建物は、一見、宇宙基地のような異次元的な感じを抱かせる。内部に入ると、眼前に広がる木立のパノラマを眺めながら、優雅な空中散歩を楽しめる夢の空間が広がっている。この回廊のような室内、その中心部の穴からは空が透けて見えるという仕掛け。しかも出入口が直接見えないせいか、展望台のようにも見える。

回廊の幅はわずか３ｍだが、絶景を家の中に取り込んでしまう趣向によって狭さを感じさせない。四季を通じ、回廊を巡れば微妙な景観の変化が味わえる“天然ギャラリー”といっていい。

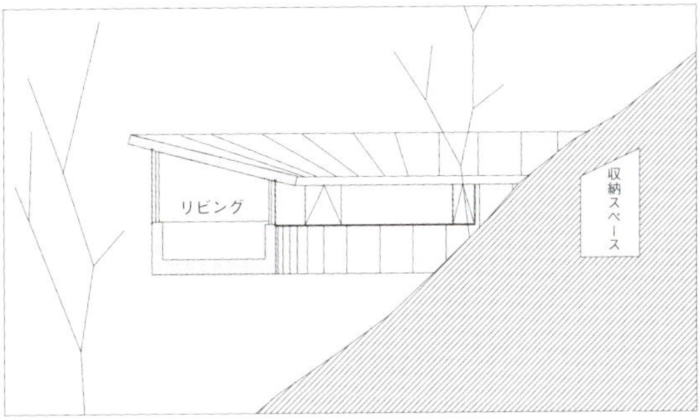

アプローチは斜面下の階段を利用する。坂下から見上げれば、家のまん中にぽっかり開いた穴から空が透けて見える

平面図の右手に記してある、斜面からの階段を登って邸内へ。ハッチ状の玄関口から入ると、そこはインナーテラス。客間と生活空間の二つのガラスドアで仕切られている。

幅3mの室内に入ると、右回りにリビング、キッチン、洗面室・浴室、寝室の順に、ほどよい距離をもって配置されている。室内にいながらにしてパノラマ的な眺望が得られるわけだから、あえて外部にバルコニーを設けることもないのである。

一歩外は大自然、いつでも床の玄関扉を開けて、森へ降りていけばいい。

回廊のぐるりに嵌め込まれた水平連窓は、すべて腰窓にしてあるのが面白い。こうすることで落ち着いた雰囲気が出てくる。

しかも、使用されている家具は、照明器具からテーブル、暖炉にいたるまで建築家による設計であることから、全体の統一感も格段に上がっている。

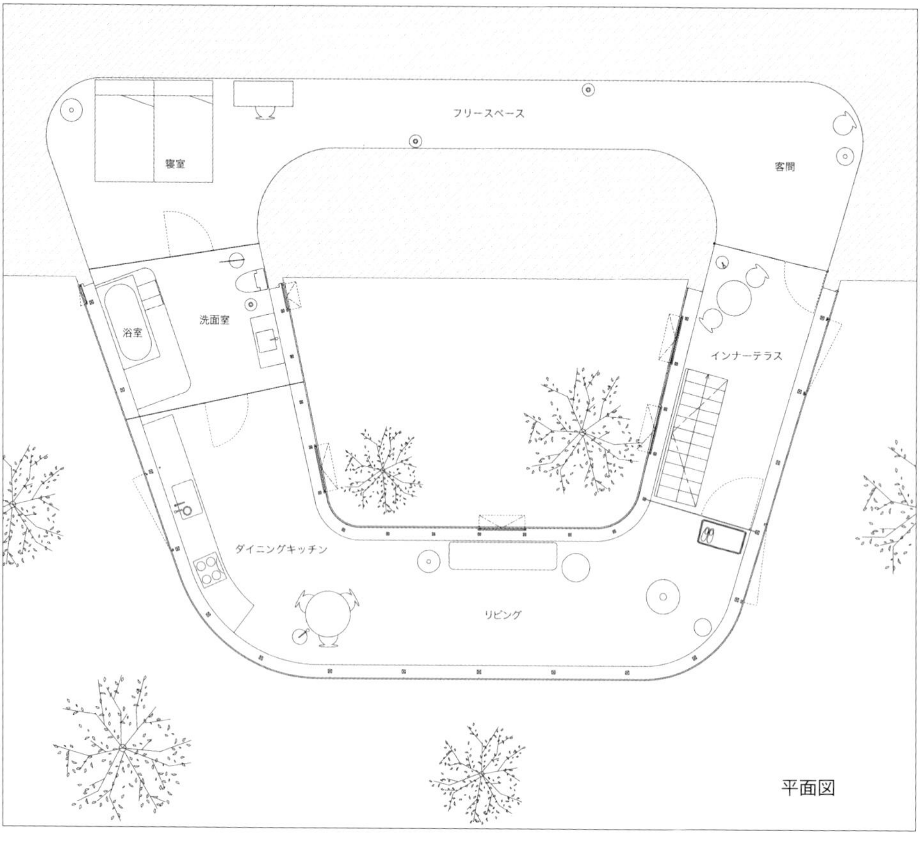

平面図

斜面に取り付けられた階段をたどって“床の玄関”から室内へ。
さながら飛行機のタラップを登って搭乗するような感じで面白い。
水平連窓から森の緑が取り込まれ、傾斜天井に映る光が美しい

チカニウマル コウブツ

東京都　設計：山下保博／アトリエ・天工人

東面の凹んだスペースは駐車場、その奥に玄関がある。いろんな形の壁面をもつ鉱物の結晶のようで、中の様子はまったく予想できない

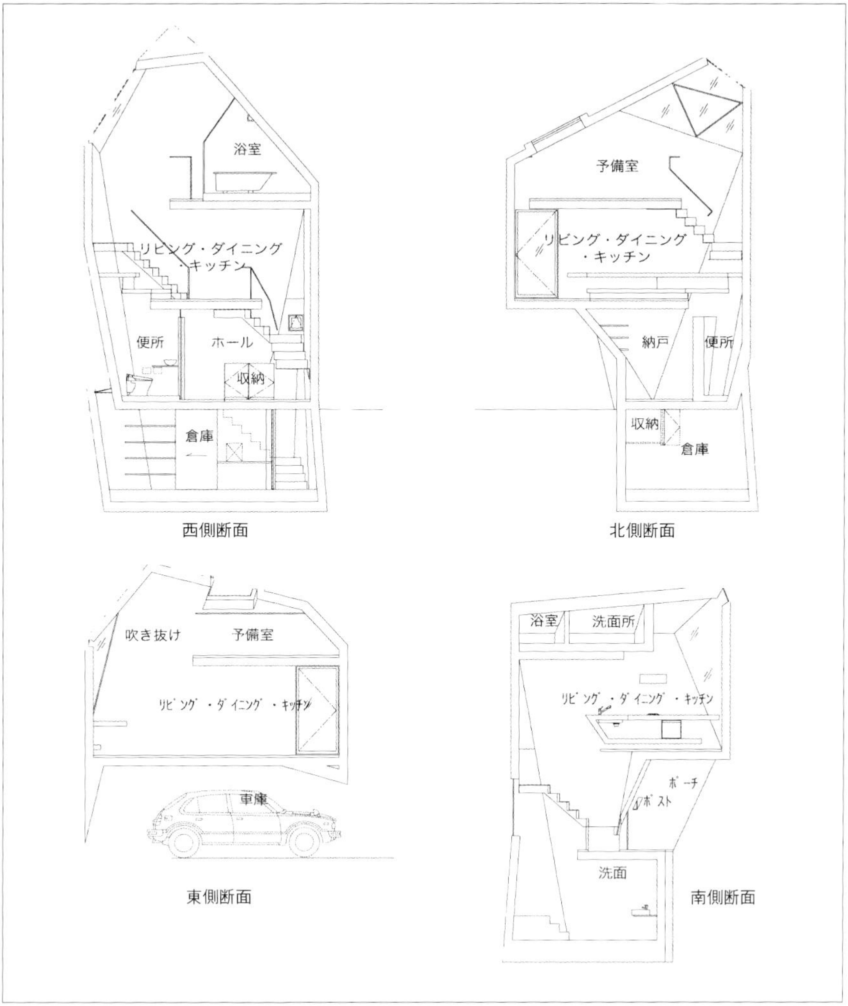

木造家屋が密集する住宅街の一角に、ダイヤモンドのように鋭くカッティングされた、白く輝く家がある。

「面白い家をつくってほしい」と望んだ建て主に対し、建築家はその想像をはるかに超えた意匠で応えた。

敷地は道路に面した小さな変形の角地。生活空間を確保するだけでも大変なのだが、地下室に加え、駐車場まで備え付けてある。

ほとんど斜めになった外壁に、四角形や三角形の窓が開けられている。

この鉱物の結晶のような奇形が、厳しい建築の法規制のなかで、最大限の容積を確保するために導きだされた必然形とは、誰も思わないだろう。大まかな言い方をすれば、この壁面の外側は建築基準から外れることになるのだ。それほど、この形は計算しつくされている。

南東面の外観。５ｍの区道と４ｍの私道にかかる道路斜線制限や北側斜線、駐車場の条件をクリアして導き出された形はとてもキュート。外装はNASAで開発された光触媒の断熱塗料を施したハイテク仕様

2階のLDKフロアの四角い窓から向かいの家並みが見える。コンクリート打ち放しの天井や薄いスチールの曲げ板で造られた階段がクールだ。トップライトや吹き抜けから射し込む光がグラデーションになって、優しく室内を包み込む

さながら地球に落下してきて地表に突き刺さった隕石《いんせき》のような家である。

斜めの壁で構成されているせいか、通常の家における水平、垂直の感覚が麻痺し、不思議な空間と広がりが生み出されている。

内部では、コンクリート打ち放し天井やステンレス鏡面の壁など、異なる素材を組み合わせることで、構成が明快になっているのも特徴の一つだ。そこにはなぜか奇抜さはなく、落ち着いた光のグラデーションが展開されている。計算しつくされた幾何学の窓の配置も見事。

大小さまざまな窓によって切り取られた外の風景や、光の効果によって独特の内部空間が浮かび上がる。

基本的には閉じながら、最小限の窓を配置することで、大きな世界感をつくりあげるその手法は、いわば都市住宅の王道とも言えよう。さぞかし施工は大変だったに違いないが、面白い家を要望したオーナーの期待を超える個性あふれる家をこしらえた建築家に拍手を送りたい。

3階

2階

海辺の家

千葉県　設計：廣部剛司

浜辺にふわりと舞い降りたUFOのようなこの建物は、釣り好きの建て主の週末住宅である。長年、海釣りに通ううち、偶然売出し中の土地を発見し、ここにオンとオフを切り替えるささやかな癒しの場が欲しくなったという。

そこで建築家が出した答えは、貝殻のようにひとつながりになった空間。たしかにこの家は木造のシェル構造が貝の殻のように連なり、従来の床、壁、天井のイメージが払拭された感がある。

山側の道路からは入り口も見えず、風変わりな倉庫のようだが、海側へ回り込んだとたん、様相は一転する。野外ステージ風の建物が太平洋に向かって開かれている。

表からは八角形に見えるが、実は海に面した3辺が切りとられ、テラスを囲うような造りになっている。平家形状だから天井も高く、のびやかな憩いの空間を内包している。

壁の三角窓は、採光を考えたデザインで遊びが効いている。すべてがシンメトリーでありながら硬さを感じないのは、この建物の包容力によるのだろう

アダムスキー型のUFOを彷彿させる、ミステリアスなたたずまい……。控えめなエンジ色の外観と、芝生の緑のコントラストが見事

八角形の外部にもうひとつ八角形の内部を挿入し、海側を切り取ってU字型に。無数のひだを設けた強度のある外殻構造――ひとつながりになった空間は、中央の庭と海岸に向けて開くことができる

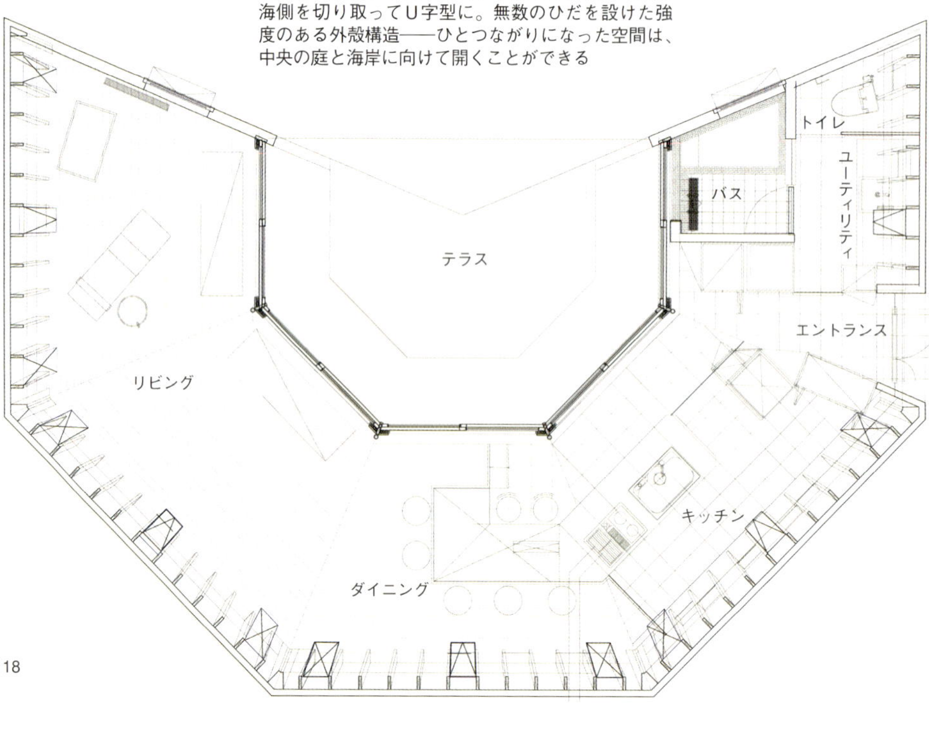

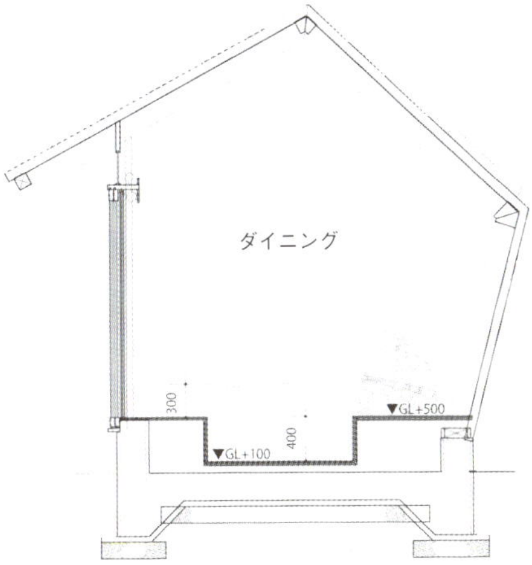

中庭にはウッドデッキが敷かれて室内とつながり、自然とじかに接するのではなく、中間領域の役割も担っている。屋根の上に見える里山の頂きからも、この敷地が海と山に囲まれた絶好のロケーションであることがわかる

照明が灯ると内壁が際立ち、それに反響する波音に耳を傾けるうち、室内と戸外の境が分からなくなる。オープンキッチンで今日の釣果をさばきつつ黄昏の沖を眺めやる……ここは主の特等席

この家のもう一つの魅力、それは音だ。遠い昔に聴いた懐かしい波音がいつもそばにあり、水平線を眺めれば、幼いころの記憶が蘇る。この家のステージのような構造は、そんな懐かしい音を集音して聴かせてくれる音響装置のように思えてくる。

時の流れに身を任せ、沈む夕日を眺めながら、ここで生まれる新たな記憶は、この貝殻の中に年々刻まれていくことだろう。

夜のとばりが下りると、大小の幾何学模様の窓から洩れる灯は、夜光生物の眼光のようだが、室内にはやさしい温もりがこもっている。波音と海風に耳を傾けつつ、悠久の時に浸る……

〔森の棲み家〕

ドイツ、ブレーメンの建築オフィス「バウムラウム」は森の家づくりに専念し、樹木との共生をめざす新タイプの建築は、いま世界中から注目を浴びている。その洒落たデザインの小さな家を緑陰に据えれば、心なごむ豊かな空間ができあがる。

木に負担をかけずに寄り添わせ、自然にとけこむ憩い家——それは建築家と木の専門家の知恵が生み出した森のオブジェ。この建築家集団はヨーロッパやアメリカ、南米で活躍している。

（詳細は www.baumraum.de <http://www.baumraum.de> 参照）

櫓《やぐら》の家

フランス、ストラスブール

フランス、ストラスブール近郊の森に、ひときわ目をひく「櫓の家」が建てられている。若い建築スタッフたちが知恵をしぼりあってデザインしたものだが、そのコンセプトは“未来の居心地のいい家”だ。この小さなカプセル状の小屋に、新たな建築理念がこめられている。

目を引くのは一風変わった柱だ。7本のカラマツの支柱が非対称に交差して小屋の荷重を支えている。ハイウエストの見事なプロポーション、下からの眺めは爽快だ。

テラスは地上5m、小屋は6.5mの高さに造られている。アプローチはかたわらにそびえるオークの木から。その幹を取り巻く階段とテラスは、木への荷重を最小限にとどめる工法を用いている。

室内は窓際にぐるりとベンチが設けられ、その下の収納庫には折り畳み式の椅子やテーブルも収められている。

壁面すべてに窓が開けられ、天窓も2つ設置されている。とりわけ趣向を凝らしているのは、天井にプリントされたオークの実物写真……。外観を透かし見るような趣きには豊かな遊び心が見てとれる。そのうえ壁面のあちこちに、木にまつわる言葉が3カ国語で記されている。

さながら7本の脚をもつ昆虫が、大樹のそばで憩いのひとときを過ごしているような景観。この小屋はオーナーへの70歳の誕生日プレゼントである。

7本のクロスした柱脚は、昆虫の脚のようだ。中央部が膨らみ、内部には補強の鉄骨が仕組まれている

木のティールーム

ドイツ、ハノーバー

庭のオークとブナの木に鳥の巣のように架けられた小屋の高さは5ｍ。当初は3人の子どもの遊び場だったが、いつしか大人たちの憩い「ティールームとなった。木に吊られているから風の強い日は小舟のように揺れるとか。室内にはキッチンもあり、ソファベッドに横たわれば天窓から梢越しに青空が眺められる

森の隠れ家

ドイツ、オスナブリュック

雑木林のなかに、長い足をもつ動物が分け入ったようだ。週末をひとり静かに過ごすには、もってこいの隠れ家である。この小屋の構造はいたってシンプルだ。4本の支柱で組んだ台座の上に、コンテナ状の四角い“箱”を載せた作りである。

小屋へのアプローチは凝っている。同じ形状で組み上げられた広いテラスと階段をたどって入る。正方形の室内は思いのほか広く、天井の真ん中に開けられた天窓からは、緑の明かりが降り注ぐ。壁際にぐるりと配されたソファベンチは、すぐに横たわりたくなる。その下の収納庫には、ここでの生活用品がすべて収蔵され、エアコンも完備。風が運んでくる鳥のさえずりに耳を傾けながら、読書するもよし、うたかたの夢をみるもよし……。

睡蓮《すいれん》荘

森の神秘的な小さな湖、その水面に突き出た家は睡蓮（Water Lily）のイメージでデザインされている。静かな湖畔を縁どる木々の間から、水を飲みにきた動物がひょいと首をのぞかしたようにも見える。この家を構成する要素は大きく2つに分かれている。湖面にせりだした楕円状の浮遊空間は、地中に埋まる箱状の地下室が土台となって支えられている

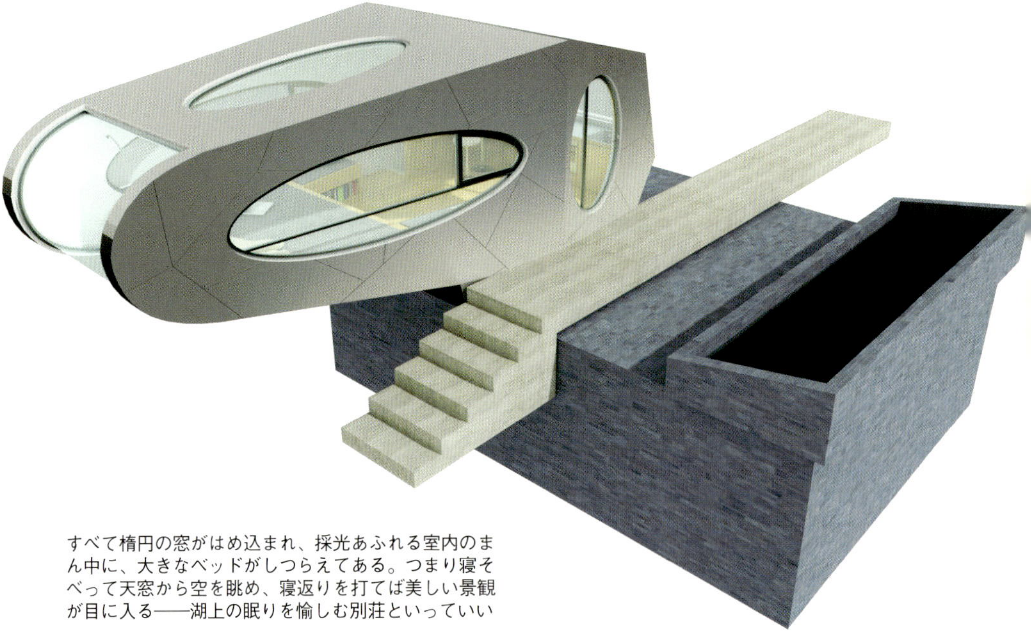

すべて楕円の窓がはめ込まれ、採光あふれる室内のまん中に、大きなベッドがしつらえてある。つまり寝そべって天窓から空を眺め、寝返りを打てば美しい景観が目に入る——湖上の眠りを愉しむ別荘といっていい

岸からの階段が地中に埋められたゾーンへとつながる。内部にはサウナとリラクゼーションの部屋。地面に口を開けたトップライトから射し込む陽光がバスルームに降り注ぐ。このスペース全体に自然石を用い、室内にいながら自然を体感できる

広いベッド・スペースには、楕円で切り取られた木々が映り込む。
外でも内でもない中間領域にいるような気分だ

造り付けられたベンチシートの下には、たっぷりと収納を確保。寝そべって本を読んだり、パソコンを楽しんだりと、至福の時を過ごせそうだ

転寝《うたたね》小屋

ドイツ、ブレーメン

建て主の「面白いデザインで快適な離れを！」という希望で雑木林に造られた。小屋はコンクリート基礎に建てられた斜め支柱4本で支えられている。子供部屋のはずが、大人の安らぎ場となり、2本のオークに架けられたテラスは訪問客とくつろぐ森のカフェになる

白壁にはロックウールの断熱材を用い、外壁と軒裏には目透かしでオーク材が張られている。天窓のある屋根は亜鉛鉄板で覆われ、側面外壁は淡いブルーのアクリル板をはめこんでいる

面白いのは、卵型の窓のラインに合わせて緩やかにカーブしているベッドとソファ。ほどよい傾斜のベッドに横たわれば、天窓からのぞく梢を眺めつつ心地いい転寝もできる。これは子供にとっても大人にとっても愉しめる空間である。家具も床もすべてオーク材を用いている

スネークロッジ

セコイア（アメリカスギ）はカリフォルニア北部からオレゴンの南部の山地に分布する世界最大の木で、この巨木は高さ100mにも達し、2000年以上も生きつづける。

この木に巨大な大蛇が巻き付いたようなモダンな家が設置できないものかとデザインされたのがこの家。

長大ならせん階段をいかにして取り付けるか？ツリーハウスの極めつけともいえるこのプランは、まんざら出来ない相談ではないとバウムラウムの若いスタッフたちは考えている。

たしかにこのCGのように、らせん階段自体をしっかりした支柱にしてしまえばいいわけだ。つまり小屋と階段を一体構造にして、セコイアの丈夫な幹に蛇のようにからませて、荷重はできるだけ地面にかけるようにすればいい。ただし、小屋を固定させるためには、吊り構造で枝にケーブルを掛けるしかない。カプセル状の2層の小屋は階段ででつながり、なかほどに楕円形のテラスが設けてある。

この夢のロッジ、やがてアメリカのリゾートで実現しそうな予感がする……。

たそがれ荘

ドイツ、オスナブリュック

牧場の片隅に建てられた離れに灯がともり、夜のとばりを迎える。やがて闇に浮かびあがる地上5ｍの小屋は温かな明かりに包まれる。オークとハンノキの間に入り込んだ小さな家は4本の支柱で支えられ、内装も外装もすべてオーク材。半弧を描く屋根以外、ドアもすべてガラス張り。ゆったりとしたベッドも据えられ、寝そべったまま森の景観や、美しい夕焼けが堪能できる

ナッツルーム

ドイツ、デユッセルドルフ

寄り添うナッツウッドにちなんで「ナッツルーム」と名付けられた子供たちの遊び部屋。とはいっても、今では母親の昼寝の場になっているらしい。

小屋はナッツの実をかたどり、8本の交叉するような支柱で支えられている。テラスは4mの高さにケーブルで吊られ、小屋へは階段を1m登って入る。

たそがれどき、かわいいナッツの実に灯が点るときは一家団欒の夕食か、友人を招いてのパブとなる。

ドーム状にゆるやかにカーブした壁面が美しい。壁はスチールの骨組みにロックウールの断熱材、その上にオークの板。外壁はツヤ出しのオーク材が目透かしで張られている。

窓際までのベッドスペースに天窓から緑の採光が降り注ぐ。ドアの脇には座り心地のいいベンチが据えられている。ベッドは折り畳み式になっていて、二つに折ればテーブルとなり、森のレストラン・バーに早変わりする。

セキレイ荘

オーストリア、ザルツブルグ近郊

この遊び小屋は、母屋からやや離れたところに建てられている。水辺で長い尾を振りながら昆虫をついばむ野鳥、セキレイにちなんで付けた名称だという。すぐ裏に小川が流れ、目の前に広がる牧場……。この離れは子供の遊び場になったり、客人の宿になったりもするが、ふだんはオーナーの書斎となっている。

小屋を支える8本の支柱は、強度上中央部にふくらみをもたせてある。どことなく節足動物を想わせ、のこのこ草原を歩いてきて森陰に身を潜めているようにも見える。

長いテラスを支えているのは樺と2本のトネリコ。このテラスから延びる階段に小屋が繋留された形になっている。なぜこんな桟橋のようなテラスにしたのか？ その理由は、すぐ下を流れる清流でマスを釣るためである。テラスもコンクリート基礎に建てられた支柱に支えられ、両端はケーブルによって吊られている。

夜になると、支柱の下にセットされた照明器具によってライトアップされ、草原のなかに小屋だけが浮かび上がる。室内にはデスクとソファベッド、書棚にはオーディオがセットしてある。窓からは草原の向こうに母屋を望め、横になると天窓から木の梢と空を……。裏の窓からは清流が見下ろせる。

椰《や》子《し》テラス

未来のビーチハウス。超軽量カプセルを椰子の木にぶら下げ、風に揺られるのを楽しむ“海の家”。テラスをたどりハッチから宇宙船に乗り込む気分

Photo credit

Alamy：P6-7, P8-9, P20-21, P22, P23, P34-35
baumraum：P122-143
Chad Kirkpatrick： P10-11, P12（下）, P13, P16-19
Daici Ano：P64-67, P78-79, P84（上）, P92-P93,
P96（上）,P98, P101（上） P104-107, P108-111
Esto：P46-49
FLPA：P23
Iwan Baan：P68（下）, P69（下）, P70, P71, P74-79
Koichi Torimura：P116-121
Makoto Yoshida： P112-115
Masumi Kawamura：P96（下）
NAP：P84-91, P94-95, P97 P99, P100, P101（下）, P102-103
Nilu Izadi／The Interior Archive：P36-37
Simephoto：P50
Sou Fujimoto Architects：P77, P80-81
Tim Bies： P12（上）
Toshiyuki Yano：P52-57, P58-63
View：P14-15, P24-25, P30-33, P38-43, P44-45,
P68-P69（上）, P73, P82-83
Wpn：P26-29

夢《ゆめ》の棲《す》み家《か》

Dream Habitats

編著　黒崎《くろさき》 敏《さとし》
ビーチテラス

フォト・コーディネート　斉藤紘一

編集　浜崎慶治

発行所　株式会社 二見書房
東京都千代田区三崎町2-18-11
電話 03(3515)2311 営業
03(3515)2313 編集
振替 00170-4-2639

印刷/製本　図書印刷株式会社

落丁・乱丁本はお取り替えいたします。定価は、カバーに表示してあります。

ISBN978-4-576-09193-8
http://www.futami.co.jp